BERGUILLE

ET

I0166849

LOUISE LATEAU

ÉTUDE COMPARATIVE

PAR

Charles CLAUCHAI-LARSENAL

DEUXIÈME ÉDITION

60 CENTIMES

BORDEAUX

Chez L. CODERC,
Imprimeur-Libraire,
Rue du Pas-Saint-Georges, 28.

Chez FÉRET & Fils,
Libraires éditeurs,
Cours de l'Intendance, 15.
Et chez les principaux Libraires.

1874

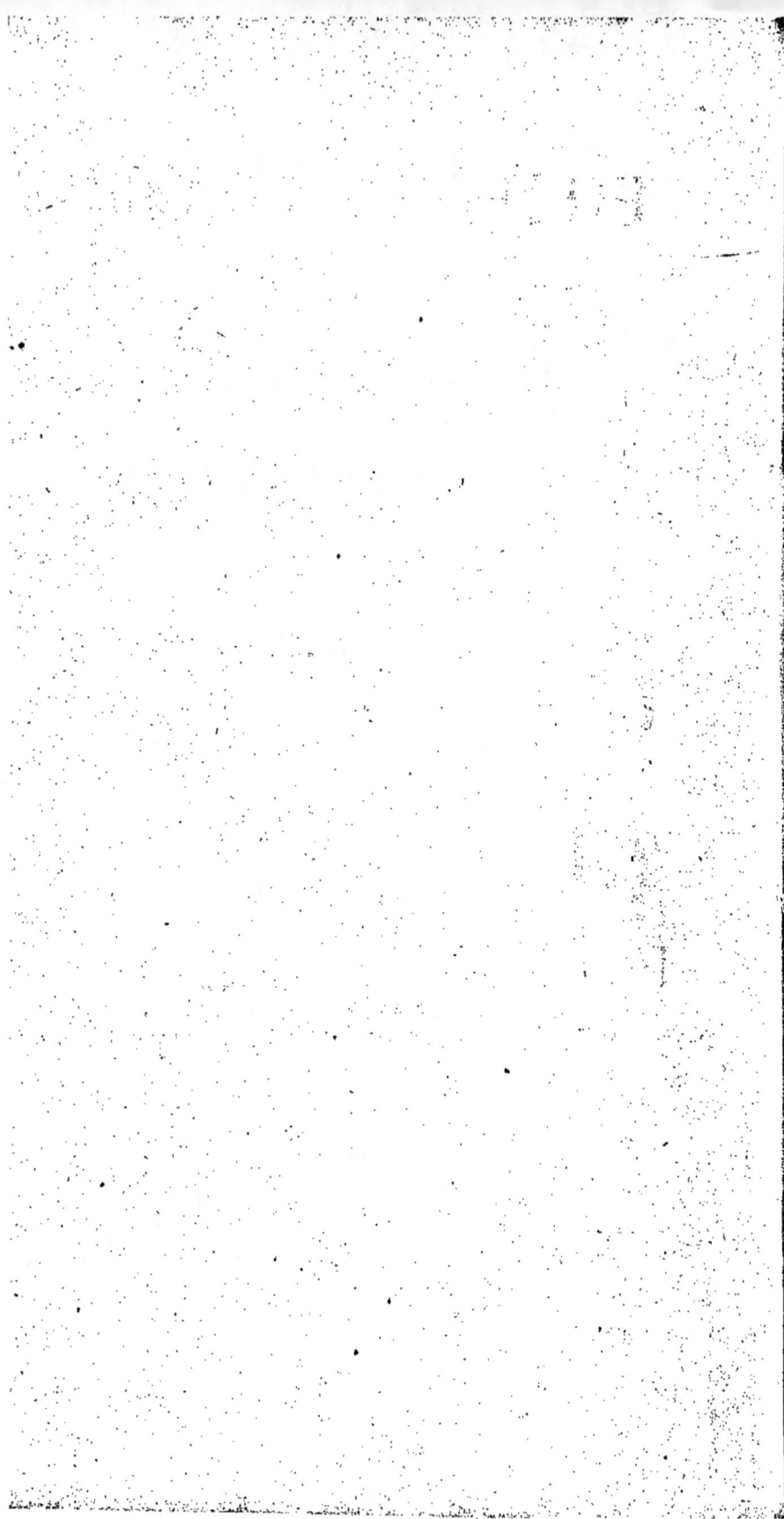

BERGUILLE

ET

LOUISE LATEAU

ÉTUDE COMPARATIVE

PAR

Charles CLAUCHAI-LARSENAL

DEUXIÈME ÉDITION

---

60 CENTIMES

BORDEAUX

Chez L. CODERC,
Imprimeur-Libraire,
Rue du Pas-Saint-Georges, 28.

Chez FÉRET & FILS,
Libraires éditeurs,
Cours de l'Intendance, 15.
Et chez les principaux Libraires.

1874

PROPRIÉTÉ

HISTORIQUE

de la première Edition pour servir
de Préface à la deuxième

———

Nous ne nous attendions pas à la faveur avec laquelle nos lecteurs ont bien voulu accueillir ces quelques modestes pages.

C'est en tremblant que nous les avions livrées à la publicité, et voici qu'après trois semaines il nous faut de nouveau réimprimer notre travail. Nous ne nous énorgueillissons point de ce succès inespéré, mais nous en bénissons l'Auteur de tout bien; car c'est pour nous une preuve évidente que nous touchons au moment où les graves questions du surnaturel divin et de l'extra-naturel diabolique vont enfin être de nouveau étudiées avec toute l'ardeur et tout le sérieux qu'elles méritent.

Sans doute, beaucoup parmi nos lecteurs n'ont pas partagé notre manière de voir. Nous avons reçu depuis trois semaines un nombre considérable de lettres, et nous n'éprouvons aucun embarras à avouer que toutes n'étaient point des lettres de félicitations.

Si l'œuvre entreprise par nous a obtenu les plus flatteuses et les plus encourageantes approbations de M. Gougenot des Mousseaux, de M. le Docteur Imbert-Gourbeyre, de beaucoup de laïques sérieux et d'un grand nombre d'Ecclésiastiques prudents et éclairés, il en est évidemment dont nos conclusions ont dû blesser les croyances et les aspirations.

Nous avons reçu de nombreuses sollicitations de ne pas livrer notre opuscule à l'imprimerie; des démarches ont été tentées auprès de notre éditeur pour chercher à le détourner de cette publication; quelques partisans, même du surnaturel divin, dans le fait de Fontet, n'ont pas craint d'appeler à leur aide la calomnie, et dans le but d'apporter une entrave à la propagation de notre travail, ils ont osé avancer très-haut cette assertion mensongère que l'Autorité ecclésiastique avait condamné notre œuvre.

Dans une visite faite à Monseigneur le Cardinal Donnet, nous avons pu recueillir de la bouche même de Son Éminence avec l'assurance d'une *bienveillante* neutralité, l'autorisation de donner un démenti formel à cette calomnie.

Tout ce bruit ne nous a pas ému le moins du monde. Nous en avons tiré la conclusion que nous avions peut-être bien frappé juste; car la colère, la calomnie et l'intrigue sont des armes de Satan, ce père du mensonge, et non pas de Celui qui est lumière et vérité. Le Surnaturel divin recherche l'examen, bien loin de le craindre; et dans tous les cas, ne se sert jamais du mensonge et de l'injure pour convaincre ceux qui demandent des preuves de sa vérité avant de croire.

La plus grave accusation portée contre nous a été naturellement d'avoir discuté le P. de Bray en le plaçant disent nos adversaires, sous le coup d'attaques ignorées de lui et auxquelles, par suite, il ne pouvait répondre.

C'est là l'argument le plus sérieux et le plus généralement répandu contre notre travail.

Cette accusation lancée à tout hasard tombera d'elle-même, quand nous aurons livré au public les lettres échangées entre le P. de Bray et nous, quinze jours environ avant la publication de notre brochure.

Nos lecteurs y trouveront une preuve évidente que si nous sommes décidés à lutter à outrance pour le triomphe de notre thèse, nous n'avons du moins jamais employé contre nos adversaires d'armes prohibées ou cachées.

Lettre adressée par nous, le 19 Juillet dernier, au R. P. de Bray

» Bordeaux, le 19 Juillet 1874.

» MON RÉVÉREND PÈRE,

» Vous n'êtes pas, je pense, sans avoir entendu parler des événements étranges de Fontet, événements qui préoccupent toute notre contrée.

» J'ai comme beaucoup d'autres cédé à la tentation de voir moi aussi Berguille, et malheureusement ma conviction n'a pas été d'accord avec celle de la foule. Loin d'y voir une manifestation divine, je n'ai vu dans tout cela qu'une ruse de plus du démon pour nous tromper.

» Après y avoir beaucoup réfléchi et avoir beaucoup prié, j'ai cru écouter la voix de ma conscience en prenant à mon tour la plume pour combattre les diverses brochures déjà publiées sur ce sujet. Malheureusement, il m'était impossible de discuter les prophéties de Fontet sans m'occuper un peu de celles qui regardent votre personne, et sans peser devant l'opinion, leur plus ou moins d'à-propos et leur plus ou moins de probabilité.

» J'ai fait tous mes efforts pour dégager votre personne d'un débat dans lequel on l'a incidemment mêlée, mais il m'a été impossible de le faire d'une façon complète.

» Avant donc que ma brochure soit livrée au public, je crois remplir un devoir d'homme du monde en vous en prévenant, prêt que je suis à écouter votre voix si vous avez quelque conseil amical ou paternel à me donner à ce sujet, et croyant devoir vous assurer que tout en défendant de toutes mes forces la thèse qu'une voix intérieure m'a poussé à soutenir, je n'en conserve pas moins pour vous des sentiments d'un profond attachement et d'une respectueuse déférence.

» Daignez agréer, mon Révérend Père, l'expression de ma filiale affection.

» Signé : X. (CLAUCHAI-LARSENAL.) »

Réponse du R. P. de Bray

« Cauneille, le 20 Juillet 1874.

» MONSIEUR,

» Le P. de Bray, malade en ce moment d'une pleurésie, se trouve dans l'impossibilité de répondre à la lettre que vous avez bien voulu lui adresser.

» Il me prie de vous remercier du sentiment qui l'a dictée, et de vous dire qu'il reste entièrement indifférent à ce qui se passe relativement à lui à Fontet, ainsi qu'à l'approbation ou à la critique des hommes, sachant que Dieu seul est le Souverain Juge et le Maître de nos destinées : qu'il ne lui appartient pas d'ailleurs de donner un conseil dans une question où il semblerait être juge et partie, et qu'il laisse à Dieu le soin de vous inspirer les siens.

» Veuillez recevoir, etc., etc.

» E. DARRIEU,
" Curé de Cauneille „

Nous croyons devoir publier ici les extraits suivants de quelques-unes des lettres reçues de personnes dont l'autorité réelle dans la question qui nous occupe est assez notoirement connue, pour que nous n'ayons pas besoin de la signaler.

« Coulommiers, 31 Juillet 1874.

» Monsieur, et cher Ami,

» Je viens de recevoir votre brochure « Berguille » et j'ai tout quitté pour la lire.

» Elle m'a paru excellente, logique, serrée, bien conçue et je vous en félicite.................................
....

» Réhabiliter le Surnaturel, c'est attaquer au cœur la Révolution ou l'Enfer, si mieux vous aimez; car ce qu'elle hait avant tout, c'est Dieu et le monde supérieur

» Votre envoi et vos citations me font beaucoup d'honneur et j'y suis très-sensible....................
....

» Comme vous je crains fort que le Diabolique ne l'emporte sur le Divin en cette affaire; *et qui sait si il n'y a pas, ou il n'y a pas eu du mixte.* Cette idée me traverse l'esprit, etc., etc...

» Chevalier Gougenot des Mousseaux. »

« Ixelles-lez-Bruxelles, 1er Août 1874.

» Mon cher Monsieur,

» J'ai lu avec le plus grand intérêt votre étude sur Berguille : C'est clair, bien raisonné, bien déduit, très-sage dans ses conclusions. Vous avez parfaitement profité dans votre parallèle des faits que vous a fournis

Louise Lateau. Comme vous, dans le cas de Berguille. je suis plutôt disposé à voir le Surnaturel diabolique...

....,

» Je me réjouis, cher Monsieur, de voir l'ardeur persévérante avec laquelle vous vous consacrez au service de la Religion et des principes. Votre petit livre contribuera, comme vous le dites, à rappeler au Surnaturel, l'attention distraite de notre siècle, etc., etc...

» Guill. LEBROCQUY,
" Rédacteur en chef de *la Cloche du Dimanche*. „

« Royat, près Clermont-Ferrand, 14 Août 1874

» MONSIEUR,

» J'ai lu avec intérêt votre brochure.

» Je crois que vous avez bien fait de vous constituer l'avocat du diable. — Dans toutes ces questions, le diable cotoie ou singe souvent le Bon Dieu. Mais, cette Berguille me déplaît terriblement avec son Père de Bray, futur Pape.

» Nous verrons dans quelques mois si sa prophétie, relative à la monarchie se réalisera; ce qui ne l'absoudrait pas encore à mes yeux.

» Vous avez bien fait encore de dire le pour et le contre; mais en pareille matière, combien nous sommes heureux, nous Catholiques, qu'il y ait encore des juges à Berlin, c'est-à-dire à Rome....................

...,...

» Que si, Monsieur, vous publiez encore sur ce sujet, je vous serais bien reconnaissant si vous voulez bien m'en faire part....

» Veuillez agréer, etc., etc...

» Dr IMBERT-GOURBEYRE »

IN DUBIIS LIBERTAS

C'est sous l'égide de cette devise qu'a paru la première
brochure relative aux faits extraordinaires de Fontet;
et c'est sous la même protection que nous plaçons à
notre tour ces lignes.

Peut-être avons nous tort de faire part ainsi au
public de nos impressions, au sujet d'un fait sur lequel
tant de visiteurs ont déjà porté un jugement en opposition flagrante avec les conclusions que nous en avons
tirées. Peut-être, pourra-t-on trouver étrange de voir
un Catholique se faire un peu l'*avocat du diable*, dans
une cause dont le Clergé n'a pas voulu jusqu'ici s'occuper.

Au surplus, nous n'avons point l'intention de prendre parti pour le surnaturel divin ou pour l'extra-naturel diabolique.

Notre but n'est que d'apporter humblement, si possible, un élément de plus dans le débat; et, en emprun-
tant à un ancien numéro de l'*Univers* la phrase d'un
de ses correspondants, nous dirons que nous ne voulons
point, nous non plus, nous donner tout à la fois un
ridicule et un tort : un ridicule, en venant, après un
examen qui, tout consciencieux qu'il ait été, n'a pu
naturellement être que rapide et sommaire, trancher

une question des plus graves parmi celles qui peuvent surgir; un tort, en passant outre à la Constitution d'Urbain VIII, contre les exagérations d'un zèle qui, n'étant plus selon la prudence, ne serait plus, par cela même, selon Dieu.

En dernière analyse, la devise qui commence ce travail est notre excuse; et du moment que la Sainte Église ne s'est pas prononcée, chacun de nous est encore libre de professer telle croyance qu'il lui convient, au sujet de la Voyante de Fontet : IN DUBIIS LIBERTAS.

BERGUILLE

ET

LOUISE LATEAU

ÉTUDE COMPARATIVE

In dubiis libertas.

Depuis un an déjà, les populations de la Gironde se sont émues des événements étranges qui se passent dans une petite commune des environs de La Réole.

Ces faits sont aujourd'hui suffisamment connus pour que nous croyions inutile de les relater en détail. Les nombreuses brochures qui ont paru jusqu'ici les ont racontés par le menu, et nous y renvoyons nos lecteurs.

Une pauvre paysanne, demeurant à Fontet, petite commune proche de La Réole, après avoir été guérie miraculeusement par Notre-Dame de Lourdes d'une maladie des plus graves, est, dit-elle, depuis un an, favorisée de visions de la Sainte Vierge.

Ces visions, d'abord séparées par un laps de temps irrégulier, ont pris depuis quelques mois un caractère de périodicité parfaite. Aujourd'hui, Berguille tombe en extase invariablement chaque vendredi, et, pendant une durée de deux à trois heures, insensible à tout ce qui se passe autour d'elle, elle est ravie dans la contemplation de l'être surnaturel qui lui apparaît.

D'autres que nous, ont déjà voulu discuter la question de bonne foi de la Voyante.

Le journal *la Gironde*, dans son numéro du 12 octobre dernier, et par la plume du docteur Béchade, a, dans une lettre d'un goût et d'un style au moins douteux, traité Berguille (ainsi se nomme la Voyante de Fontet) de monomane et a cru par là avoir tout expliqué.

Nous reviendrons tout à l'heure sur la lettre du docteur Béchade ; mais, tout d'abord, une particularité nous a frappé : c'est la parfaite concordance de certaines circonstances entre les événements de Fontet et ceux de Bois-d'Haine, en Belgique, que nous avons eu, dans le temps, l'occasion d'examiner.

Beaucoup de nos lecteurs ne connaissent pas même de nom Louise Lateau. la Stigmatisée de Bois-d'Haine : nous croyons devoir pour eux faire, en quelques mots, la biographie de cette jeune personne, que nous avons eu l'heureuse chance de pouvoir visiter en 1873.

***

Dans un petit village de Belgique, entre Mons et Charleroi, à 1 kilomètre environ de la gare de Manage, une jeune fille, Louise Lateau, née en 1850, voit chaque semaine, depuis 1868, des plaies se former et des écoulements de sang se produire de ses mains, de ses pieds, de son côté et de son front. Ces plaies présentent une image parfaite des plaies sacrées qui ensanglantèrent le Corps adorable de Notre-Seigneur pendant sa douloureuse Passion.

Ce fait remarquable, et d'abord caché par Louise Lateau, même à sa mère, même à son confesseur, ne put demeurer longtemps ignoré et ne pouvait manquer d'attirer l'attention sur sa personne.

On vint d'abord des provinces voisines de la Belgique, puis le pays tout entier participa au mouvement de curiosité scientifique ou religieuse qui s'était emparé du public ; puis, enfin, les pèlerins arrivèrent de l'étranger, et affluèrent bientôt à la petite maison de Bois-d'Haine.

La famille Lateau est aujourd'hui composée de quatre personnes. La mère, veuve, et ses trois filles :

Rosine, née en 1847; Adeline, née en 1848, et enfin Louise, née en 1850. Le père était un simple ouvrier, laborieux et économe, employé dans l'un des charbonnages du pays. Il était parvenu, par son travail, à une situation relativement aisée ; la petite maison qu'il habitait, et dans laquelle est encore aujourd'hui établie sa famille, avait été construite par lui sur un morceau de terrain que sa femme lui avait apporté en mariage.

En 1850, presque immédiatement après la naissance de Louise, il mourut à peu près subitement, enlevé tout à coup par la variole qui sévissait alors dans le pays. Il laissait trois enfants et sa veuve malade des suites de la naissance de sa plus jeune fille (1).

La position de cette famille fut bouleversée de fond en comble par cette mort inopinée. Une misère complète envahit la pauvre chaumière, surtout pendant les deux ans que dura la maladie de la veuve Lateau. Quoi qu'il en soit, cette famille lutta courageusement contre le malheur ; et grâce à l'énergie de la veuve, grâce aussi à la bonne conduite et au travail laborieux des trois filles, elle pût subvenir à tous ses besoins.

En 1866, lors du choléra qui désola le Brabant, Louise Lateau offrit au curé de l'aider dans les soins pieux qu'il donnait aux malades du village, et tandis que chacun fuyait devant la contagion, la courageuse jeune fille soignait les malades et ensevelissait elle-même les morts.

Voilà le passé de la Stigmatisée de Bois-d'Haine, tel qu'il nous a été raconté sur les lieux-mêmes par M. le Curé, et aussi par diverses personnes de Belgique, personnes dignes de foi, qui ont pu suivre les événements surnaturels de Bois-d'Haine depuis leur origine et que nous avons interrogées avec soin avant de faire le voyage, disons-mieux =- le pèlerinage = de Bois-d'Haine.

Or, en 1868, Louise Lateau était malade, et sa maladie présentait une telle gravité, que le 15 avril elle recevait les derniers Sacrements. Mais sa guérison,

---

(1) La veuve Lateau est décédée, nous a-t-on dit, depuis quelques mois. (*Note de la Deuxième édition.*]

considérée comme miraculeuse, s'opéra d'une façon si prompte, que huit jours après, le 23 avril, elle assistait à la Messe dans l'église de Bois-d'Haine, qui, autant que nous en avons pu juger, nous a semblé distante d'environs 1,500 mètres de sa demeure.

On nous a raconté un certain nombre de circonstances extraordinaires, disons le mot, miraculeuses ou extra-naturelles, qui ont entouré la guérison inespérée de cette jeune fille. Mais il ne nous a pas été donné d'en vérifier la vérité, et nous n'en parlons ici que pour mémoire.

Le lendemain de son retour à l'Église, le 24 avril 1868, était un vendredi. Ce jour-là, une plaie se déclara au côté gauche de la poitrine.

Particularité remarquable, et sur laquelle jusqu'ici peu de personnes se sont arrêtées : dans tous les cas de stigmatisation connus — qu'ils soient l'œuvre de Dieu ou l'œuvre du démon — c'est toujours au côté gauche de la poitrine que se forme la plaie mystérieuse ; et cependant tous les peintres, tous les sculpteurs, d'accord avec les plus anciennes traditions, représentent Notre-Seigneur transpercé à droite. C'est également à droite que sainte Brigitte et Anne-Catherine Emmerich (Religieuse Augustine du Couvent d'Agnetenberg, à Dulmen, décédée en odeur de sainteté, le 9 février 1824) virent la plaie sacrée, d'après leurs révélations.

C'est encore au côté droit qu'Ezéchiel nous montre la plaie divine d'où s'échappe le sang et l'eau : *Et eduxit me per viam porta aquilonis*, dit-il, *et convertit me ad viam foras portam exteriorem, viam quæ respiciebat ad orientem* ET ECCE AQUÆ REDUNDENTES A LATERE DEXTRO. C'est en s'appuyant sur ce texte que les artistes ont sans doute ainsi décidé de représenter l'endroit où la lance du soldat atteignit la divine victime : quant à l'autorité principale en cette matière, l'Evangéliste saint Jean qui, dans sa sublime narration, prend soin de nous dire qu'il a assisté lui-même au drame et qu'il est prêt à en rendre témoignage, il se contente de signaler l'acte du soldat sans spécifier le côté blessé : *Lanceâ, latus ejus aperuit*, dit-il, et c'est tout. Cette curieuse divergence nous a paru digne d'attention. et c'est pour cela que nous l'avons incidemment signalée.

Le vendredi suivant, des plaies se déclarèrent sur le dessus des pieds, et quinze jours après, des stigmates s'étaient également formés à l'intérieur et sur le dessus des mains.

Louise Lateau avait jusqu'alors gardé le silence sur ces accidents qui devaient cependant la préoccuper outre mesure ; elle se décida, à ce moment seulement, à en parler à sa mère et à son confesseur. La veuve Lateau fit appeler un médecin.

Depuis ce moment, un grand nombre de docteurs ont vérifié l'état de Louise Lateau ; une enquête a été ouverte par Mgr l'Evêque de Tournai ; et M. le docteur Lefebvre, professeur à la Faculté de Médecine de Louvain, a publié un mémoire des plus remarquables sur les observations qu'il a pu faire comme membre de la Commission nommée par l'Autorité ecclésiastique.

Il résulte de ce mémoire, et d'expériences en tous genres faites tant par le docteur Lefebvre que par un grand nombre de visiteurs appartenant soit au monde catholique, soit à celui des indifférents, soit même à celui de la libre pensée, que depuis cette époque, ces écoulements de sang par les plaies mystérieuses des pieds, des mains et du côté, se continuent périodiquement chaque vendredi, et que ces accidents remarquables se sont compliqués, six mois après leur apparition, d'une plaie circulaire de la tête, représentant, par une série de piqûres sanglantes, la couronne dérisoire appliquée jadis sur le front du Sauveur, et complétant ainsi le tableau terrifiant des plaies sacrées de la passion.

Notre intention n'étant que de donner ici une courte notice sur Louise Lateau, nous nous bornons à emprunter les lignes suivantes au rapport de M. le docteur Lefebvre sur ses stigmates ; elles sont l'expression exacte de ce que nous avons pu nous-même voir et constater :

« Quand on examine, » dit le docteur Lefebvre, « dans » le courant de la semaine les différents points par » lesquels le sang s'échappe le vendredi, on remarque » sur la surface de chaque main une surface ovalaire » d'environ deux centimètres et demi de longueur. » Cette surface, d'une teinte un peu plus rosée que le » reste des téguments, n'est, pendant la semaine, le

» siége d'aucun suintement. Elle est un peu plus lisse
» que la peau environnante. A la face palmaire de cha-
» que main, on reconnaît aussi une surface ovalaire
» légèrement rosée, correspondant, centre pour centre,
» à la surface stigmatique de la face dorsale. Sur le
» dos de chaque pied, l'empreinte a la forme d'un
» carré long à angles arrondis ; ce carré a environ
» trois centimètres de longueur. Enfin, on trouve à
» la plante des pieds, comme à la paume des mains,
» de petites surfaces d'un blanc rosé. C'est toujours
» entre minuit et une heure, dans la nuit du jeudi
» au vendredi, que l'écoulement de sang commence
» à se produire, il ne se produit pas sur tous les
» stigmates à la fois ; il s'y établit successivement et
» sans ordre déterminé. Le plus souvent, c'est par le
» côté que le saignement débute ; puis les stigmates
» des mains, des pieds et du front se mettent à saigner
» à leur tour.

» L'abondance et la durée de l'écoulement ne sont
» pas toujours absolument les mêmes, car le saigne-
» ment qui commence à minuit s'arrête tantôt à trois
» heures, tantôt à quatre heures, quelquefois à cinq
» heures de l'après-midi.

» Le front ne conserve pas d'empreintes perma-
» nentes ; en dehors du vendredi, on ne peut recon-
» naître les points par lesquels le sang s'est échappé. »

Ajoutons que chaque vendredi Louise Lateau est
ravie en extase, tout comme la Voyante de Fontet, et
c'est dans cet état qu'il nous a été donné de la voir
l'année dernière, au mois de septembre.

On prétend dans le pays que depuis les premiers
mois de 1871, la jeune fille ne prend aucune nourriture
et que la Sainte Communion est son seul aliment quo-
tidien, ce fait nous a été affirmé très-sérieusement par
M. le Curé du Bois-d'Haine, et nous n'avons aucune
raison pour douter de la parole de ce respectable et
pieux ecclésiastique ; mais il n'a pu naturellement être
vérifié par nous pendant les trois jours que nous avons
passés à Manage ; et si nous en parlons ici, c'est que
la Belgique catholique toute entière se lèverait, s'il le
fallait, pour l'affirmer, et qu'il présente une certaine
analogie avec les faits de Fontet.

Nous avons pu obtenir de voir Louise Lateau la veille,

le jour et le lendemain de l'extase. Avant et après l'extase, nous nous sommes trouvé en face d'une villageoise timide, humble, modeste, au regard limpide, à la démarche simple, ne paraissant pas se douter de la curiosité, de la vénération même qui s'attache à sa personne.

Elle est la première levée dans la maison. C'est elle, peut-être qui travaille le plus laborieusement dans la semaine. Sa seule distraction et d'aller le matin à l'église du village entendre la Messe, où elle fait régulièrement la Sainte Communion ; quelquefois, elle visite ensuite un ou deux malades que sa présence vient consoler ; puis elle rentre vite chez elle, et le bruit régulier d'une machine à coudre apprend de loin aux passants que la Stigmatisée de Bois-d'Haine travaille avec ardeur pour aider aux besoins de la famille.

Le vendredi, la Sainte Communion lui est apportée, dans sa maison isolée au bord du chemin, par M. le Curé. Il lui serait impossible, ce jour-là, de se rendre à l'église, où ses plaies mystérieuses ne pourraient être dissimulées assez soigneusement pour ne pas attirer l'attention générale, attention que la pauvre fille fait tout au monde pour éviter.

En effet, hâtons-nous de le dire, Louise Lateau, *différant en cela essentiellement de Berguille,* fait tout au monde pour éloigner la moindre visite. Le concours de populations qui se rendait autrefois à Bois-d'Haine avait le don de la contrister profondément, de même qu'il exaspérait outre mesure sa mère. (La franchise brutale et dédaigneuse de la veuve Lateau est faite, du reste, pour éloigner les visiteurs, qu'elle accueille avec une irritation et une mauvaise humeur qu'elle ne prend pas la peine de dissimuler.)

C'est pourquoi, lorsque l'Autorité ecclésiastique se préoccupant sérieusement du concours de pèlerins qui venaient envahir la maison de Louise Lateau, Monseigneur l'Evêque de Tournai crut devoir, lui-même, se rendre à Bois-d'Haine, la pauvre enfant se jeta aux pieds de son Evêque et demanda la protection de son autorité pour être délivrée des visites forcées, des questions de tous genres et des tourments de toutes sortes que des pèlerins indiscrets faisaient subir à la

famille; aussi, aujourd'hui est-il très-difficile de pénétrer dans l'intérieur de la petite maison de Bois-d'Haine, et lorsqu'une autorisation est donnée à un visiteur, ce n'est jamais, sauf de bien rares exceptions, que pendant les extases de Louise qu'on peut être admis ; et encore, doit-on partir avant son retour à la vie réelle. L'extatique doit ignorer et ignore en effet les visites souvent inattendues et toujours indiscrètes qu'elle reçoit malgré les résistances quelquefois violentes de sa mère et de ses sœurs.

L'extase de Louise Lateau commence ordinairement dans la matinée de chaque vendredi et se prolonge jusqu'à trois heures Pendant ce temps, elle est tantôt assise, tantôt à genoux, les yeux ouverts, la pupille largement dilatée, immobile, dans une attitude de profonde attention et comme anéantie dans la contemplation lointaine de tableaux divers qui paraissent se dérouler successivement sous ses yeux. L'expression de son visage change souvent ; tantôt sa physionomie exprime la joie, tantôt la peine la plus vive ; parfois même une douleur poignante ou encore un étonnement profond se peignent sur ses traits. Il est évident que son intelligence n'est point paralysée pendant l'extase, ainsi qu'il arrive dans les cas de catalepsie ordinaire ; mais qu'au contraire, elle fonctionne avec une grande activité. Les impressions diverses par lesquelles passe successivement son esprit se reflètent d'une façon des plus marquées sur son visage expressif et alors comme transfiguré.

Des expériences multipliées, et présentant même un certain caractère de cruauté, ont prouvé d'une façon certaine, que son insensibilité corporelle est alors complète.

C'est dans cet état qu'il nous a été donné de la voir.

Les plaies de ses mains saignaient abondamment, et devant elle étaient accumulés des linges ensanglantés. Son visage était également sillonné par le sang qui découlait de son front. Et quelle qu'ait été *la curieuse incrédulité* que nous avions apportée à cette visite (nous nous servons à dessein de la réunion de ces deux mots qui indiquent bien l'état de notre esprit à ce moment), nous avons été ému et effrayé tout à la fois de l'expression de ce visage sanglant, sur lequel, par moment, les larmes venaient se mêler au sang.

A un moment donné, Louise tomba à genoux, le corps penché en avant, les mains jointes et étendues devant elle, dans une position d'équilibre instable tel, que nous défions le gymnasiarque le plus adroit de demeurer une seconde dans une pareille position. Louise garda cette situation, en notre présence, *pendant plus d'une demie heure*. Enfin, vers trois heures, eut lieu devant nous cette scène dont nous avions déjà entendu parler souvent, que le peuple Belge appelle le prosternement, et que nous appelons, nous, *l'agonie et la mort mystique de Louise*.

Ses traits s'allongent, ses yeux se ferment, le nez s'effile, le sang semble abandonner la peau, qui prend une teinte terreuse et jaune comme est celle d'un cadavre ; le froid de la mort envahit ses mains et son visage, dont le sang continue cependant à s'échapper, le pouls s'arrête, le cœur cesse de battre, et Louise tombe alors le visage contre terre, mais avec une force de projection telle, qu'il semble qu'elle y est précipitée bien plus par une puissance étrange qui la domine que par son propre poids. Ses pieds se rejoignent, croisés l'un sur l'autre comme ceux d'un Christ, le pied droit derrière le pied gauche (1). La tête repose alors sur un des bras replié, puis, tout à coup, une raideur cadavérique s'empare de ce corps. Les deux bras s'étendent en croix, *et il serait alors impossible de les ramener le long du corps*.

Nous avions sous les yeux une saisissante image de l'agonie et de la mort de Jésus sur la Croix.

C'est alors qu'il faut quitter la maison ; le réveil de Louise Lateau est proche ; et aujourd'hui, par ordre de Monseigneur l'Evêque, elle doit ignorer les quelques visites dont elle est l'objet pendant son extase.

D'autres, plus heureux que nous, ont pu assister autrefois au retour à la vie de cette créature si singulièrement privilégiée.

La vie réapparaît *tout à coup* dans ce corps. Louise

___

(1) On nous a affirmé qu'il a été impossible de faire changer cette position des pieds, et que même on n'a pu obtenir à ce moment de mettre son pied gauche au lieu et place du droit. Les pieds dérangés de leur position normale reprenaient chaque fois, avec vivacité, leur situation première. — Nous n'avons pu vérifier ce dire.

se relève et, sans rien dire, sans manifester étonnement ni douleur, elle reprend tranquillement son
existence de la semaine que l'extase du vendredi suivant viendra interrompre à la même heure, de la même
façon et pour un laps de temps semblable.

Revenue à elle, elle ne dit jamais un mot de ce qui
s'est passé en son être pendant l'extase. Semblable à la
Vierge Marie, elle conserve ces choses en son cœur
pour les méditer ; mais elle n'en parle jamais à sa
mère, à ses sœurs ou à ses amies, Elle fuit le monde,
n'aime que la solitude, et jamais, sans un ordre formel
de son Evêque, elle n'évoque devant un visiteur le
tableaux des visions qui se déroulent sous ses yeux
pendant les extases.

Fait digne de remarque, ET QUI JUSQU'ICI N'A PU ÊTRE
EXPÉRIMENTÉ EN BERGUILLE, *l'Autorité ecclésiastique
n'ayant pas cru devoir commencer d'enquête sur les événements de Fontet,* tandis que pendant son extase,
Louise Lateau paraît absolument morte au monde extérieur avec lequel tous ses moyens de communication
sont momentanément brisés, et alors que les expériences les plus sérieuses, les plus décisives, les plus
concluantes ont été faites sur elle à ce sujet, il suffit,
pour la faire sortir de son ravissement, d'un appel,
même à voix basse, même mental, de son Evêque ou de
son Curé. Ce pouvoir, ni les médecins, ni la mère
de Louise n'ont pu l'exercer *directement.* Citons, sur
cette circonstance saisissante du fait de Bois-d'Haine
la page suivante, extraite du livre si remarquable
publié par M. le docteur Imbert-Goubeyre, professeur
à l'Ecole de Médecine de Clermont-Ferrand, à propos
de la question qui nous occupe:

« Louise a été rappelée nombre de fois de ses extases
» par ses Supérieurs ecclésiastiques : Curé, Directeur,
» Grands-Vicaires, Evêque et même par le docteur
» Lefebvre. Il suffit aux détenteurs de ce pouvoir sin-
» gulier de lui dire : *Louise,* ou toute autre parole dans
» l'intention de la rappeler, pour que aussitôt elle
» sorte des profondeurs de son extase et revienne ins-
» tantanément à la vie ordinaire. Cette interruption
» subite du ravissement extatique est vraiment extra-
» ordinaire ; la scène du rappel est surtout saisissante,
» lorsque Louise est étendue à terre dans le prosterne-
» ment ou le crucifiement.

« Le rappel, il faut bien le noter, *n'a jamais pu*
» *être pratiqué en dehors de la juridiction épiscopale,*
» Monseigneur l'Archevêque de Malines, Primat de
» Belgique, le premier Supérieur de Louise après le
» Pape, a bien pu la rappeler, mais Mgr Gravez, Évêque
« de Namur, n'a jamais pu le faire, le jour où un sim-
» ple Religieux Passioniste, délégué par l'évêché de
» Tournai, se faisait obéir immédiatement par l'exati-
» que, sous les yeux même de l'Evêque visiteur, *qui*
» *était sans juridiction, et partant, sans puissance.* Les
» nombreux Ecclésiastiques qui ont afflués à Bois-
» d'Haine, n'ont pas été plus heureux que l'Evêque de
» Namur ; la plupart même ne l'ont pas tenté, trop au
» courant des conditions spéciales du rappel. Le doc-
» teur Lefebvre a pu exercer pendant quelques semai-
» nes son pouvoir de délégation ; *mais le jour où ce*
» *pouvoir lui a été retiré, il est resté impuissant à faire*
» *sortir Louise de son extase,* aussi bien que tous les
» médecins qui sont venus de toutes parts examiner
» l'extatique (t. I, pages 135 et 136). »

Nous appelons d'une façon toute particulière la sérieuse attention de nos lecteurs sur cette circonstance
si digne de remarque de L'OBÉISSANCE DE LOUISE
A SES SUPÉRIEURS ECCLÉSIASTIQUES. C'est un
des caractères les plus frappants des phénomènes qui
s'accomplissent en Louise Lateau.

Notre intention n'est pas de porter un jugement
quelconque sur les faits de Bois-d'Haine, que l'Eglise
étudie avec la sage lenteur qu'elle apporte à la consta-
tation des évènements surnaturels ; nous avons voulu
seulement les relater ici, afin de les rapprocher de
ceux de Fontet, pour constater leur connexité parfaite
sur certains points *et leur divergence absolue sur d'autres.*

Le 19 juin dernier, après avoir lu et relu les diverses
brochures récemment publiées au sujet de Berguille, de
Fontet, nous avons voulu, nous aussi, être témoins *du
miracle,* si miracle il y a, et nous avons pris le train de
La Réole.

Avant de discuter les évènements dont nous avons été ce jour-là le témoin, nous allons les relater fidèlement et succinctement à nos lecteurs.

Beaucoup de choses que nous avons vues sont connues d'eux par les diverses brochures déjà publiées sur ce sujet; mais nous croyons cependant devoir présenter en son entier le tableau qui s'est déroulé ce jour-là sous nos yeux.

Depuis longtemps déjà, nous étions poursuivis par l'idée fixe d'aller à Fontet pour y voir Berguille, qui nous semblait représenter sur quelques points pour notre pays ce que Louise Lateau représente à Bois-d'Haine pour la Belgique.

Les diverses opinions que nous avions entendu formuler au sujet de cette femme ne laissaient pas que de nous préoccuper fortement, à cause de leur caractère parfaitement tranché.

Nous avions vu Berguille traitée de visionnaire et de folle par les uns, de possédée par beaucoup, d'extatique privilégiée de la Sainte Vierge par le plus grand nombre, et chacun de ceux qui formulaient ainsi leur opinion d'une façon aussi nette ne l'appuyait sur aucune raison péremptoire à nos yeux.

Nous ne parlons pas de ceux qui accusaient Berguille de mauvaise foi. La foule de visiteurs qui vient chaque vendredi à Fontet a depuis longtemps vengé la Voyante de cette injure. Pour Berguille comme pour Louise Lateau, la question de bonne foi n'est plus discutable, et le soupçon même d'une supercherie est aujourd'hui inadmissible.

Dans les deux cas, nous nous trouvons en face d'une piété simple et naïve, d'un désintéressement que n'ont pu vaincre les tentatives de corruption réitérées les plus adroites, les plus cachées.

Louise Lateau est pauvre; Berguille est pauvre aussi, et cependant nous mettons tous les visiteurs de Bois-d'Haine ou de Fontet au défi de réussir à leur faire accepter, à l'une comme à l'autre, la moindre pièce de monnaie.

« Comment admettre, » dit le docteur Lefebvre, » comment admettre qu'une jeune fille élevée dans les » austérités du travail manuel, dépourvue de toute » instruction, qui n'a rien vu, qui n'a rien lu, puisse » jouer chaque semaine, pendant une journée entière,

» des scènes qui exigeraient l'habileté consommée
» d'une actrice de profession? Comment lui serait-il
» possible de simuler la paralysie des sens et en parti-
» culier l'insensibilité la plus complète aux excitations
» les plus douloureuses? comment pourrait-elle gou-
» verner à son gré des fonctions qui échappent essen-
» tiellement à l'action de la volonté, c'est-à-dire, accé-
» lérer ou ralentir les battements de son cœur ; élever
» ou abaisser la température de ses membres, etc.,
» etc........
» .... Ces réflexions se présentent d'elles-même à
» l'esprit de tous ceux qui ont visité la petite maison
» de Bois-d'Haine ! Elles empruntent je ne sais quoi de
» plus convaincant et de plus rassurant encore à l'as-
» pect des lieux et des personnes ; elles imposent à
» tous, en un mot, l'invincible conviction de la sincé-
» rité et de la réalité des phénomènes dont ils ont été
» les témoins. »

Ces paroles semblent avoir été écrites pour Berguille ; elles peuvent lui être appliquées dans leur
entier.

Nous ne voulons pas ici entrer dans les détails du
paysage splendide au milieu duquel s'opèrent les phénomènes *extra naturels* (nous nous servons de ce mot
à dessein) qui nous occupent aujourd'hui.

M. Camille Ferrand, dans la brochure qu'il a publiée
en février ou mars dernier, en fait un tableau d'une
fidélité photographique, et nous y renvoyons nos lecteurs.

Nous arriverons immédiatement au résumé succinct
de l'apparition du 19 juin. C'est celle dont nous voulons analyser les circonstances.

Ce jour-là, à midi et demi, nous étions dans la chambre de Berguille, où nous trouvions déjà réunies cent
cinquante ou deux cents personnes, quelques-unes
tenant à la main un cierge allumé et toutes ensemble
chantant des cantiques.

La chambre dans laquelle nous venions d'entrer
présente un tableau de misère complet. Elle est grande
comme le sont ordinairement toutes les chambres des
métairies. Ni carreaux ni planches ne couvrent le sol
qui est simplement composé de terre battue, comme
du reste dans la plupart des habitations de cultiva-
teurs de nos pays. En face de la porte, est une de ces

immenses cheminées d'autrefois, dans lesquelles un faix de bois tout entier peut brûler, et qui nous rappellent cette époque où nos pères, après les travaux de la journée, se réunissaient chaque soir en famille autour de l'âtre pour prier et pour causer ensemble de leurs affaires. A gauche de la cheminée, a été établie, sur une planchette fixée au mur, une sorte de petite chapelle domestique, composée d'une grossière statuette de plâtre représentant la Sainte Vierge, de deux bougies, allumées au moment de notre visite, et de deux bouquets artificiels. Au pied de la statue est une petite image du Sacré Cœur. A côté de la chapelle est un grand lit à langes avec des rideaux bleu foncé à dessins blancs.

Au devant du lit, la main inconnue d'une personne *évidemment pieuse, mais également imprudente,* a accroché aux solives noircies une belle lampe de sanctuaire qui brûlait pendant cette journée du 19 juin.

La chambre, très-sombre, n'était éclairée que par la porte ; le volet de son unique petite fenêtre étant alors hermétiquement clos.

C'est avec la plus grande difficulté que nous pûmes parvenir jusqu'au lit sur lequel Berguille était étendue.

Ce jour-là même, le docteur Béchade de Puybarban était auprès de la Voyante, cherchant lui aussi, mais peut-être à un point de vue différent du nôtre, à deviner la vérité dans les scènes réellement émouvantes qui se déroulèrent alors sous nos yeux.

Berguille est une femme de quarante ans, dit-on ; sa figure fatiguée et ses traits amaigris lui en feraient plutôt donner cinquante ou cinquante-cinq ; mais à la campagne, on vieillit vite, et les rudes travaux des champs pèsent lourdement sur les épaules de l'homme le plus robuste.

Elle était, ce jour-là, étendue dans l'attitude de la mort : le corps rigide, les bras allongés en croix, formant angle droit avec le corps ; la respiration, ordinairement spasmodique, paraissait parfois suspendue, un instant même, notre main placée devant sa bouche n'a senti aucun souffle s'en exhaler ; mais en l'appliquant sur la poitrine, on sentait encore les battements réguliers du cœur. Son pouls, tâté à plusieurs reprises tant par nous que par le docteur Béchade, donnait de

74 à 76 pulsations à la minute ; une expérience faite sur nous-même en accusait alors 87. L'atmosphère de la chambre, échauffée par un soleil ardent, la lumière des cierges et la respiration de tous les visiteurs, était épaisse et lourde ; la chaleur était étouffante. Un de nos amis qui nous accompagnait, suffoqué par la température de ce milieu, se trouva indisposé et fut obligé de sortir.

Par moments, la respiration de la Voyante devenait plus sensible ; la poitrine se soulevait alors violemment ; elle paraissait étouffer ; ses yeux étaient fermés, et en soulevant du doigt ses paupières closes, on ne voyait pas la prunelle rejetée dans la partie haute de l'œil

A première vue, la Voyante en cet état représentait très-bien une femme atteinte de cette affreuse maladie encore inconnue, proche parente de l'épilepsie, et que la médecine, aux abois, appelle l'hystérie, sans pouvoir dire d'une façon certaine où est le siége du mal et si le nom qu'elle lui donne est, oui ou non, approprié à la chose.

Disons de suite que M. le docteur Béchade, dont le témoignage personnel est certes précieux en ce cas, et qui a longtemps été le médecin de Berguille, nous a affirmé ne l'avoir jamais soignée pour l'hystérie, la catalepsie ou l'épilepsie.

Quand la poitrine se soulevait violemment, la figure de Berguille, ordinairement calme, du calme grandiose de la mort prenait une expression indicible de souffrance ; puis ses traits se contractaient encore, et nous avions de nouveau sous les yeux un vrai cadavre, mais un cadavre conservant la chaleur ordinaire du corps humain.

Nous avons cherché plusieurs fois à soulever ses paupières fermées ; ses yeux, nous l'avons dit, étaient renversés, si nous pouvons nous servir de cette expression ; c'est-à-dire que la prunelle était élevée de telle façon, que le blanc de l'œil apparaissait seul. Ils avaient l'aspect vitreux des yeux d'un mort. Une lumière passée plusieurs fois devant ses paupières n'a amené aucun signe de sensibilité. Ses bras allongés en croix offraient une rigidité cadavérique telle, que les forces du docteur Béchade réunies aux nôtres ne purent parvenir à les faire plier. Nous réussîmes seule-

2

ment une fois à rapprocher tout d'une pièce le bras raidi le long du corps de la Voyante, et à peine l'eûmes-nous lâché dans cette position que, semblant mû par un ressort d'acier, il reprit brusquement sa situation première.

Depuis quinze jours déjà, on disait à Bordeaux, que Berguille portait sur son corps les stigmates des plaies sacrées de Notre-Seigneur ; et nous étions surtout désireux de constater ce fait et les points de contact qu'il pouvait présenter avec ce que nous avions pu déjà voir à Bois-d'Haine.

Plusieurs personnes nous ont fait remarquer et nous ont prier d'observer attentivement ce qu'on appelle les stigmates des pieds et des mains.

En ce qui concerne les membres supérieurs, quelles qu'aient été les instances de ceux qui voulaient absolument nous prouver leur réalité, et quelle qu'ait été notre bonne volonté, nous déclarons n'avoir rien vu qu'un peu de sueur dans le creux de la main, sueur qui avait amené une teinte rosée sous la peau, teinte rosée tellement peu apparente, qu'il fallait, pour la voir la meilleure volonté du monde.

En ce qui concerne les pieds, c'est différent.

Entre le pouce et l'index de chaque pied, et sur le dos du pied, mais non sur la plante, s'étendait ce jour-là une rougeur en forme d'olive, de la largeur à-peu-près d'un centimètre et demi sur une longueur d'environ trois centimètres. Cette rougeur très-visible à teinte violacée, produisait l'effet d'une sorte d'auréole inflammatoire entourant une meurtrissure.

La peau du pied droit était intacte : celle du pied gauche présentait au centre de la rougeur une petite écorchure d'environ un millimètre carré, assez semblable à la blessure d'une lancette et distillant quelques gouttes d'eau. Du reste, nulle trace de sang ne se montrait sur les pieds ou sur les mains, non plus que sur le front de la Voyante, que nous avons examiné avec la plus scrupuleuse attention.

L'état d'insensibilité était complet. Nous avons pu nous en assurer en pinçant fortement, à plusieurs reprises, le bras de la Voyante à l'improviste, sans que rien dans sa physionomie soit venu trahir le sentiment de la surprise ou de la douleur. M. le docteur Béchade, sur notre invitation, a renouvelé l'expérience, et d'une façon à rendre tout doute à ce sujet impossible.

À ce moment, on a mené au pied du lit une enfant malade, dans le but de la faire guérir par les prières de la Voyante. Cette enfant, qu'un grand nombre de visiteurs présents ce jour-là déclaraient connaître parfaitement et avoir vu autrefois bien portante, a tout-à-coup été frappée dans toutes ses facultés. Elle est aujourd'hui sourde, muette, aveugle, idiote et impotente. Ce sont-là les caractères que l'Église attribue à la possession diabolique, et les paysans des environs, avec ce bon sens qui a toujours caractérisé les habitants de la campagne que le contact des grandes villes n'a pas encore pervertis, disent tous, en effet, que cette enfant est possédée du démon.

Certains faits même nous ont été cités pour appuyer ce dire, faits que des considérations graves ne nous permettent pas de consigner ici.

La mère de cette pauvre enfant, bonne paysanne pleine de foi, désespérée de la situation de sa fille (enfant de six ans, nous a-ton dit, mais qui en représente bien neuf ou dix) venait supplier la Très-Sainte Vierge d'avoir enfin pitié d'elle et de guérir sa fille.

Sitôt que cette enfant a été posée sur le lit où Berguille était étendue en extase, elle a poussé des cris gutturaux comme font ordinairement les sourds-muets, et elle a commencé à se tordre et à se débatre d'une façon telle que sa mère, aidée d'une amie, pouvait à peine la contenir.

En même temps, Berguille jusqu'alors immobile, a fait le signe de la Croix de la main droite, tandis qu'avec la main gauche, elle s'emparait de la tête de l'enfant qu'elle couchait de force sur sa poitrine. Les cris de l'enfant ont redoublé. Berguille, joignant alors les mains par-dessus le corps de la petite fille, a remué les lèvres comme si elle priait, mais sans qu'aucun son se soit échappé de sa bouche, et à plusieurs reprises, sa figure a pris une expression vraiment surhumaine.

Elle priait évidemment un être visible pour elle seule, et qui devait être placé (si nous en jugeons par la disposition de sa tête et par la façon dont parfois elle étendait les mains) vers l'angle gauche du pied du lit.

Par moment, Berguille élevait ses mains jointes vers la vision ; puis, elle les rapprochait de sa tête ou de sa poitrine dans l'attitude d'une adoration profonde et d'une prière fervente.

Tout à coup, un des assistants a eu l'idée de jeter sur l'enfant quelques gouttes d'eau bénite. Cette aspersion a provoqué chez elle une recrudescence de contorsions et de cris, soit qu'ils aient été amenés par le pouvoir de l'eau bénite, soit qu'ils aient eu simplement pour cause l'impression désagréable produite sur la peau par le contact subit de l'eau froide, contact auquel la pauvre petite fille, aveugle et sourde, ne pouvait nullement s'attendre.

A ce moment, Berguille, *les yeux toujours fermés*, a saisi la bouteille d'eau bénite sans hésitation et comme si sa vue avait pu la guider dans ses mouvements, elle a plongé son index dans le goulot et a frotté elle-même les yeux et les oreilles de l'enfant avec l'eau bénite. Puis aidée de la mère, elle a porté le goulot de la bouteille à la bouche de l'enfant et lui a longuement fait avaler l'eau.

Le moment était solennel ; on n'entendait dans la chambre que la respiration haletante des assistants et les cris de l'enfant.

Bientôt, la malheureuse mère, vaincue par l'émotion, s'est mise à prier à haute voix la Sainte Vierge l'appelant des plus doux noms, avec des expressions et des cris déchirants, et lui demandant avec larmes de guérir sa pauvre enfant. Le spectacle était émouvant au plus haut point.

Par une impulsion soudaine, spontanée, l'*Ave Maria*, parti du fond du cœur des assistants, s'est échappé à haute voix de toutes les lèvres. Tout le monde pleurait, et nous sentions notre cœur bondir dans notre poitrine.— Quant au docteur Béchade, il était visiblement troublé.

C'est le moment que nous avons choisi pour pincer, à l'improviste, Berguille à l'avant-bras jusqu'au sang, tandis que le docteur Béchade, sur notre prière, en faisait autant de son côté. Pas un muscle de la face de l'extatique ne bougea. Son état d'insensibilité était complet ; elle ne parut même pas s'apercevoir de la petite torture que nous venions de lui imposer.

Une heure après, cependant, la trace de la meurtrissure était encore visible sur son bras.

Cette scène s'était prolongée pendant un temps assez

long. Après avoir beaucoup prié, Berguille a repoussé l'enfant que la mère désolée a emporté en pleurant ; puis, tout à coup, brusquement, l'état d'extase a cessé. Berguille a ouvert les yeux et a essuyé, avec un mouchoir, sa face inondée de sueur.

Ce n'était plus la Voyante de Fontet. Nous n'avions plus sous les yeux qu'une pauvre paysanne. Il était alors 2 heures 35 minutes à l'horloge placée entre la cheminée et le mur.

Un moment après, nous lui avons fait subir, en présence de nombreux témoins, un long interrogatoire.

Le docteur Béchade était déjà parti.

Nous avons cherché parfois à la faire revenir sur ce qu'elle nous avait dit ; nous avons tenté de la pousser à changer quelque chose dans ses déclarations ; tout a été vain ; elle a toujours répondu sur un ton calme et modeste, mais ferme, et n'a pas varié d'une syllabe dans ses affirmations.

Voici, sous forme de dialogue, une partie des questions que nous lui avons posées. Elles ont été immédiatement recueillies par nous sur notre carnet, afin de leur conserver en entier, si possible, le cachet même des phrases prononcées par la Voyante. Ses déclarations, comme le verra le lecteur, sont aussi nettes que précises :

— Qu'avez-vous vu tout à l'heure ?

— J'ai vu la Sainte Vierge entourée d'Anges, entourée de beaucoup d'Anges.

— Que vous a-t-elle dit ?

— Qu'en France on est surtout orgueilleux, et que, comme contre-partie à cet orgueil, les personnes qui veulent lui être agréables doivent baiser la terre trois fois par jour, en signe d'humilité, et prier beaucoup.

— La Sainte Vierge vous a-t-elle spécifié les prières qui lui sont le plus agréable ?

— Oui. Elle a cité les Litanies et surtout le Chapelet.

— La Sainte Vierge a-t-elle donc recommandé de beaucoup prier.

— Oh oui ! et surtout pendant le mois de Juin, parce que c'est le mois du Sacré Cœur.

— Et pourquoi la Sainte Vierge a-t-elle tant recommandé de prier ?

— Parce que les événements déjà prédits sont maintenant tout proches.

— De quels événements voulez-vous parler ?

— De ceux que j'ai déjà annoncés.

— Rappelez-moi vos paroles.

— J'ai annoncé, de la part de la Sainte Vierge, qu'avant la fin de l'année, il y aura en France une grande commotion ; qu'il y aura beaucoup de mal ; qu'au 31 décembre 1874, le Comte de Chambord sera sur le trône de France. (Ici se place une prédiction sur un fait militaire des plus graves, que des sentiments de patriotique prudence et même de convenance nous interdisent de relater, mais qui est connu de tous ceux qui ont assisté aux phénomènes de Fontet).

Il arrivera de l'étranger des difficultés terribles pour notre chère patrie, mais Dieu soutiendra la France et ne la laissera pas périr. Vainqueur de tous, le Roi Très-Chrétien, visiblement secouru du Ciel, réduira à néant tous ses ennemis et replacera sur le trône de saint Pierre le Chef vénéré de l'Eglise. l'immortel Pie IX, qui, avant de mourir, aura la consolation de voir le commencement du triomphe de l'Eglise.

L'année 1874 ne s'écoulera pas sans que tous les événements ne soient accomplis et que le Saint-Père ne soit rétabli dans une partie de ses Etats. Mais pour obtenir ce résultat, il y aura bien des maux à essuyer ; et afin de diminuer les calamités qui vont fondre sur notre chère France, il faut prier et beaucoup prier, pour que le Bon Dieu permette bientôt la fin des grands troubles dont le temps est proche.

— Mais, ma pauvre femme, nous vous faisons observer qu'en parlant ainsi vous ne dites rien de positif, et que si, par impossible, les événements que vous annoncez ne se réalisent pas, vous vous réservez le droit de dire que c'est parce qu'on n'a pas assez prié le Bon Dieu.

— Monsieur, que l'on prie ou que l'on ne prie pas, rien n'arrêtera les événements que le Bon Dieu a décidés dans sa sagesse ; les prières pourront atténuer les malheurs qui vont fondre sur nous, mais elles n'avanceront pas d'une heure, et leur défaut ne retardera pas d'une seconde la solution heureuse que Dieu réserve à nos malheurs ; la date est fixée là-haut irrévocablement ; je le répète, elle est inscrite avant le 31 décembre 1874.

— Ainsi donc, au 31 décembre prochain, c'est-à-dire dans six mois, tout sera rentré dans l'ordre le plus parfait en France et en Italie, et nous aurons enfin la paix et la tranquillité que nous attendons depuis si longtemps!

— Je n'ai pas dit cela, Monsieur. Il y aura encore bien des troubles en 1875 ; mais le trône de France sera dès-lors rétabli ; nos ennemis seront abattus, et Pie IX, du haut du Vatican, aura vu le commencement du triomphe de la sainte Eglise.

— Ma pauvre femme, six mois à peine nous séparent de l'époque fixée par vous comme limite extrême de l'accomplissement de vos paroles, et cependant rien jusqu'ici dans les événements et dans les prévisions humaines ne paraît devoir amener cet état de choses que vous annoncez avec tant de feu et d'un ton si convaincu ?

— Monsieur, pourquoi parler de temps, d'argent, ou de difficulté, lorsque Dieu, s'il le veut, peut tout changer dans un seul jour ; qu'est-il besoin pour lui de six mois pour accomplir ce qu'il a décidé?

— Vous avez dit dans le temps que le P. de Bray est appelé par la volonté de Dieu à remplacer Pie IX sur le trône de saint Pierre?

— Oui, Monsieur, et je le maintiens ; mais le P. de Bray ne sera pas le successeur immédiat de Pie IX. A la mort du Saint-Père, il lui sera nommé un successeur qui régnera deux ans et deux mois; c'est après celui-là que sera élu le P. de Bray, *c'est-à-dire celui qui doit être le Grand Pape*, comme Henri V doit être le Grand Roi. Quant à l'époque précise de l'avénement du successeur de Pie IX. je n'ai pas, pour le moment du moins, le droit de la dévoiler.

— Avez-vous jamais vu le P. de Bray ?

— Oui : dans les visions que j'ai, je le vois souvent aux pieds de la Sainte Vierge, au milieu des Anges ; mais personnellement, je ne l'ai jamais vu. Si j'ai pu le désigner ainsi, c'est que son portrait m'a été présenté par diverses personnes, et que j'ai alors reconnu celui qui s'offrait si souvent à ma vue auprès de la Sainte Vierge.

— Ma pauvre femme, nous connaissons particulièrement le P. de Bray; nous avons été mêlés à l'un des événements de sa vie; nous avons pour lui une véné-

ration très-grande et un respect très-profond. Il peut
être un très-saint Prêtre : mais actuellement, bien des
hommes sérieux et de très-bonne foi sont persuadés
que son esprit est profondément troublé.

— Dieu a voulu qu'il en fut ainsi, pour mieux mon-
trer que c'est lui même, qui le choisira quand le jour
sera venu. Soyez assuré, Monsieur, que c'est un grand
Saint.

— Quelle apparence a la Sainte Vierge quand elle se
montre à vous. ?

— C'est une femme d'une trentaine d'années, ha-
billée de longs vêtements blanc; ses pieds sont nus.
Un grand voile blanc est jeté sur sa tête. Elle est belle,
mais belle comme il n'est pas possible de trouver une
autre femme. *Sa figure qui est évidemment de chair,
paraît être cependant comme en lumière en même temps.*
Elle est blonde; ses grands yeux sont bleus et bien
doux.

— Mais, ma pauvre Berguille, la Sainte Vierge est
d'un pays où toutes les femmes sont brunes. Il n'y a
pas d'exemple de femmes blondes à Nazareth ; et selon
toute probabilité, la Sainte Vierge était brune, elle
aussi. Rappelez donc un peu votre souvenir; vous
devez vous tromper ; la Sainte Vierge ne peut vous
apparaître blonde.

— Monsieur, comment pouvez-vous supposer qu'il
soit possible d'oublier ce visage, quand une fois on a
pu le voir? Je le maintiens, elle est blonde et ses yeux
sont bleus.

— Avez-vous jamais vu également Notre-Seigneur ?

— Oui, je le vois chaque vendredi sur la Croix.

— Ne s'est-il jamais montré à vos yeux qu'en
Croix?

— Pardon, Monsieur, je l'ai vu une autre fois d'une
autre manière. Il y a de cela quelques mois ; c'était pour
la fête de saint François Xavier. Un soir, à 9 heures,
je faisais ma prière ; tout à coup un homme est apparu
dans ma chambre, entouré d'une grande clarté. J'ai eu
bien peur et j'ai voulu appeler, mais je n'ai pu le faire ;
alors il s'est approché de moi et m'a appuyé la main
sur le front, en me disant de ne rien craindre et de ne
pas trembler, car iétait Notre-Seigneur. En même
temps, j'ai senti ma crainte se dissiper.

Il m'a demandé si je consentais à être prise comme

victime expiatoire et à souffrir pour les péchés du
monde. Je n'ai rien accepté; je n'ai pas non plus
refusé. J'ai dit seulement : Que votre volonté soit faite.
Il m'a répondu de façon à me faire comprendre qu'il
acceptait ma réponse comme un acquiescement à ce
qu'il demandait de moi. Puis, il a ajouté: Je veux te
faire voir comment je suis réellement présent au Très-
Saint Sacrement à l'autel. En même temps, il a commencé à devenir plus petit, plus petit encore ; puis je
l'ai vu comme un enfant, comme un petit enfant qui,
insensiblement, a pris la forme d'une hostie ; puis
enfin, il a disparu, laissant derrière lui, pendant quelque temps, une lumière des plus vives qui illuminait
ma pauvre chambre.

— Notre-Seigneur vous dit-il *tu* ou *vous?*.

— Il me dit toujours *tu*. La Sainte Vierge me dit
vous.

— Comment était habillé Notre-Seigneur le soir de
son apparition ?

— Il était tout en blanc, avec une large ceinture
bleue.

— Comment était placé son manteau?

— Il n'avait pas de manteau.

— Comment était-il chaussé?

— Il avait les pieds nus.

— La Sainte Vierge a-t-elle des fleurs sur les pieds
ainsi qu'elle en avait à la Salette et à Lourdes?

— Non, je n'ai ai point vu.

— Quelle apparence a Notre-Seigneur ?

— Celle d'un homme d'environ trente ans, blond,
tirant sur le chatain ; il a de très-longs cheveux tom-
bant sur les épaules ; il porte toute la barbe *sans les
moustaches ;* ses yeux sont bleu clair ; il est bien beau,
mais d'une beauté qu'on ne peut exprimer.

— Quelle impression avez-vous ressentie au front
quand il vous a touché ?

— La même impression que produirait celle d'un
corps ou d'une main vivante.

— Vous savez le concours de monde que vos déclarations attirent dans ce pays ? Vous êtes, vous, pauvre
paysanne, en train d'acquérir une certaine célébrité.
Savez-vous bien que, non-seulement si vous trompez
le public, vous encourrez la colère de Dieu, mais encore, le jour où votre imposture viendra à être dévoi-

lée, la justice humaine pourra vous demander un compte sévère de votre supercherie.

— Je ne crains rien, Monsieur ; tout ce que j'annonce arrivera ; car autrement, je serais moi-même la première trompée, et il est impossible que je sois dans l'illusion.

— Mais, si l'on apportait ici le Saint Evangile, jureriez-vous, en étendant la main sur le saint Livre, que vous nous avez dit la vérité ?

— Qu'on apporte le livre, je suis prête à en faire le serment.

— Ordinairement, ma pauvre femme, les personnes qui ont eu des visions comme celles que vous prétendez avoir, les cachent soigneusement et n'en parlent même à leur confesseur qu'avec les plus grandes difficultés.

— C'est qu'alors la Sainte Vierge ne leur commande pas, comme à moi, d'en parler. Je voudrais bien pouvoir n'en rien dire, et demeurer dans ma solitude. Mais la Sainte Vierge ne le veut pas.—Elle m'ordonne d'en parler pour qu'il vienne ici beaucoup de monde, afin que tous sachent qu'il faut prier, et qu'il y en ait beaucoup qui prient son Fils.

— Mais en voyant tout le monde accourir à votre voix, vous êtes exposée à tomber vous-même dans l'orgueil, et en sauvant les autres à vous perdre vous-même.

— C'est vrai ; c'est pour cela que je suis bien à plaindre. Oh ! j'ai bien prié le bon Dieu pour qu'il charge une autre que moi de cette mission. Il ne l'a pas voulu ; que sa sainte volonté soit faite. Mais, je vous en supplie, priez et faites beaucoup prier pour moi.

— Quelle preuve avez-vous vous-même de la réalité de la vision qui vous apparaît ?

— Il m'est défendu de le dire. Mais j'ai par devers moi des preuves évidentes que je dois garder secrètes.

— La Sainte Vierge a-t-elle le même visage chaque fois que vous la voyez ?

— Oui, Monsieur, elle est toujours avec le même visage et toujours avec le même costume.

— Vous chargeriez-vous de lui adresser une demande vendredi prochain ?

— Oui, et je crois même que je la verrai avant cette date.

— La Sainte Vierge vous a-t-elle annoncé que vous auriez sur votre corps les Stigmates de la Passion ?

Je ne puis répondre ; — au surplus ceci est une question qui m'est personnelle.

— Est-il vrai que vous ayez annoncé qu'on bâtira ici une chapelle ?

— Oui c'est très-vrai (en s'animant) *avant la fin de l'année* 1874, il y aura une chapelle dans cette chambre : et là sera l'autel (Elle désignait entre la cheminée et le lit l'emplacement où est actuellement la petite statue de la Sainte Vierge dont nous avons déjà parlé.) Puis on bâtira près d'ici une *basilique.*

— Pourquoi vous servez-vous du mot *basilique ?* en connaissez-vous la signification ? ne voulez-vous pas dire une église ?

— Je ne sais pas ce que c'est qu'une basilique : mais la Sainte Vierge m'a dit : *on construira une basilique* et je le répète après elle.

— Sera-ce bientôt ?

— Ah ! une église ne se bâtit pas en un an ; on commencera par la chapelle.

— Mais les personnes de notre âge peuvent-elles avoir l'espoir de voir un jour cette église. ?

— Oui, et de bien plus âgées aussi.

— Vous avez dit tout à l'heure que cette chambre serait convertie en chapelle ; elle sera donc démolie ?

— Je n'ai pas dit qu'elle serait démolie : J'ai dit qu'il y aurait ici une chapelle ; mais je n'ai pas parlé de la destruction de cette maison.

— Mais enfin, il faut ou bien qu'elle soit chambre ou bien qu'elle soit chapelle.

— Je vous répète qu'il y aura ici une chapelle et que là, sera l'autel; (elle désignait de nouveau le même endroit que précédemment), mais je n'ai pas dit que ma chambre sera détruite. Du reste vous le verrez vous même, car ce sera bientôt. Je vous le répète; avant le 31 Décembre de cette année, la chapelle existera.

— A qui sera dédiée l'église que vous annoncez devoir être construite?

— A la Très-Sainte Vierge.

— Ce sera donc encore une église de l'Immaculée Conception?

— Non : ce sera ici l'église de Notre-Dame des Anges ; et elle est destinée à devenir le plus grand pèlerinage du monde. A Lourdes, la Sainte Vierge guérit les corps ; ici elle a promis de guérir les âmes.

— Avez-vous vu le plan de la future église ?

— Oui, il m'a été montré.

— Qui vous l'a montre ?

— La Sainte Vierge elle-même.

— A quelle église ressemble celle que vous avez vue en vision ?

— A aucune église que je connaisse.

— Sera-t-elle construite en style gothique ?

— Je ne sais pas ce que c'est que le gothique.

— Connaissez-vous l'église de Lourdes ?

— Oui, je l'ai vue.

— L'église de Fontet y ressemblera-t-elle ?

— Oh non ! pas le moins du monde.

— Qui a le plan de cette église ?

— La Sainte Vierge qui me l'a montré saura bien le donner elle-même quand le moment sera venu.

S'adressant alors à l'un de nos amis : Je vous le ferai voir, lui a-t-elle dit. — Comment vous y prendrez-vous ? lui répondit-il en riant. — Je vous le tracerai moi-même sur le papier, lui a dit Berguille — Mais vous ne savez pas même écrire ; comment ferez-vous pour dessiner ? ajouta son interlocuteur — Je vous répète que je le tracerai devant vous, affirma de nouveau la Voyante.

Nous reprîmes alors le cours de notre interrogatoire.

— Avez-vous vu l'enfant qu'on vous a présentée il y a une heure, tandis que vous étiez en extase ?

— Oui, je l'ai vue : et j'ai même beaucoup souffert à son sujet.

— Comment cela ?

— Parce que quand la Sainte Vierge s'est approchée d'elle, le diable a mis la main sur l'épaule de l'enfant et ne voulait plus la lâcher : ce qui m'a fait beaucoup de peine. J'ai beaucoup prié la Sainte Vierge pour cette pauvre petite fille. Elle guérira ; mais à une condition : c'est que ses parents feront ce que la Sainte Vierge a ordonné.

— Croyez-vous que les parents soient disposés à écouter la voix de la Sainte Vierge ?

— Je n'en sais rien ; mais c'est indispensable s'ils veulent guérir leur enfant.

— Mais la pauvre mère qui demandait la guérison de sa fille, nous paraît prête à tous les sacrifices pour l'obtenir?

— Il y a aussi le père que vous oubliez, Monsieur.

— Pouvez-vous nous dire ce que la Sainte Vierge exige de ces pauvres gens?

— Non, Monsieur, cela ne m'est pas permis. Je l'ai dit à la mère de l'enfant. Je puis également le répéter à Monsieur l'abbé X...... mais à personne autre.

— Ce que demande la Sainte Vierge des parents de l'enfant vous paraît-il possible à exécuter?

— Comment voulez-vous, Monsieur, que la Sainte Vierge demande des choses impossibles.

— Souffrez-vous beaucoup pendant vos extases?

— Oui, Monsieur, depuis quelque temps, et plus que je ne puis le dire. On ne saura jamais combien je souffre dans ces moments.

— Quelle est la partie du corps qui vous fait le plus souffrir?

— Je souffre des pieds, des mains, puis généralement de tout le corps; mais surtout du côté.

— Devez-vous toujours souffrir ainsi?

— Je ne sais pas.

Tel est le tableau fidèle de ce que nous avons vu à Fontet. Quand Berguille parle de l'apparition, son œil s'anime, son visage s'éclaire et se transfigure, ses traits expriment un sentiment d'amour inénarrable. On n'a plus alors une pauvre paysanne sous les yeux. Son langage est correct, clair et précis. et elle s'exprime en français avec une facilité des plus grandes.

*
* *

Nos lecteurs ne sont pas sans avoir déjà remarqué la concordance parfaite de certaines circonstances du fait de Bois-d'Haine avec celui de Fontet.

De part et d'autres, c'est le vendredi qu'ont lieu les extases de la Voyante, c'est-à-dire en ce jour sanctifié par la Passion de Notre-Seigneur, et mystérieusement marqué par la Providence.

De part et d'autres, insensibilité complète et séparation absolue de l'extatique d'avec le monde extérieur.

Dans les deux cas, nous voyons les commencements des manifestations avoir une marche identique.

En 1868, Louise Lateau était malade, et, tout-à-coup,

elle guérit miraculeusement après avoir fait la sainte Communion.

En 1873, Berguille mourante affirme, sur la foi de l'apparition, qu'elle guérira après la sainte Communion. — M. le Curé porte les Saintes Espèces à la malade, et le jour même, elle se lève, complètement délivrée du mal qui l'étreignait.

A partir de ce moment, diverses circonstances des deux faits sont dissemblables, et certaines même de ces dissemblances sont un défi de plus à la science rationaliste.

En effet, des médecins ont pu dire pour Berguille que les stigmates peu apparents encore qui sont venus marquer ses pieds et, dit-on, ses mains ne sont que le résultat de la tension de son esprit pendant l'extase. Ils ont pu citer à l'appui de leur opinion des faits physiologiques certains. Ils ont parlé de l'influence de l'esprit sur le corps ; et certes, la partie était belle pour eux.

Sans parler des effets remarquables que la vue subite d'un être difforme par une jeune femme à imagination vive a pu produire souvent sur l'enfant qu'elle portait dans son sein ; sans parler de la reproduction mystérieuse sur une partie du corps de l'enfant, d'un objet quelconque dont la vue avait pu impressionner l'esprit de la mère pendant la période de la gestation, il leur était facile, croyaient-ils, d'opposer aux faibles stigmates présentés par Berguille un grand nombre d'observations médicales sur des sujets chez lesquels la tension de l'esprit a pu amener une lésion du corps.

Ils ont pu dire, avec M. A. Maury, de l'Institut, *qu'une influence du moral sur le physique semble de nature à déterminer ces phénomènes ;* et ils ont conclu que Berguille croyant voir pendant ses extases la représentation des scènes de la Passion, l'impression faite sur son esprit par l'aspect des plaies de Notre-Seigneur a pu produire chez elle une sensation tellement violente, qu'une reproduction lointaine des dites plaies a eu lieu sur son corps.

« Mais, » répond M. le docteur Imbert Gourbeyre, dans sa sérieuse étude de la stigmatisation, « mais, » tous les jours, on rencontre dans les maisons de fous » des hallucinés qui se figurent avoir dans l'intérieur

» de leur corps des maladies organiques parfaitement
» déterminées. L'imagination de ces malheureux ne
» sort pas de cette idée fixe. A-t-on jamais vu ces ma-
» ladies organiques se produire sous l'influence de
» leurs conceptions délirantes?

» Il n'existe pas en médecine un seul fait sérieux
» favorable à la thèse rationaliste. »

Du reste, cette explication médicale des stigmates
par l'extase ne serait pas possible en ce qui concerne
Louise Lateau, puisque chez elle la stigmatisation a
précédé l'extase de près de six mois.

Si donc, les faits de Bois-d'Haine et ceux de Fontet
ont une cause naturelle identique, l'explication ci-
dessus de la médecine ne peut plus être admise pour
Berguille, puisque le cas de Louise Lateau vient y
apporter une difficulté d'application insurmontable.

Louise Lateau a eu quelquefois, en dehors des extases hebdomadaires du vendredi, des extases semblables, lors des grandes solennités religieuses. Ce fait
lui est commun avec Berguille.

Ainsi, en thèse générale, les effets opérés en Berguille et en Louise Lateau sont semblables. — Les
différences sensibles sont dans la conduite des deux
extatiques en présence des phénomènes dont elles sont
l'objet.

Louise Lateau paraît honteuse du renom attaché à
sa personne. Elle refuse de parler de ce qu'elle voit
pendant les extases. Elle ne l'a fait, vis-à-vis de son
confesseur et vis-à-vis les membres de la Commission
ecclésiastique chargée d'étudier les faits, qu'avec la
plus grande réserve ; jamais elle ne parle à sa mère ou
à ses sœurs ou même à ses meilleures amies de ce
qu'elle voit pendant ses extases — jamais elle ne fait
allusion à ses stigmates. « C'est là, » dit le docteur
Lefebvre, « un monde fermé, où les amis les plus inti-
» mes ne pénètrent pas. »

Berguille, au contraire, annonce à l'avance les phénomènes. — Elle raconte avec force détails les apparitions qu'elle a eues — elle prie les visiteurs de revenir
pour en être témoins de nouveau — elle demande, de
la part de Marie, qu'un grand concours de pèlerins se
transporte à Fontet — elle reproduit les paroles prononcées par la Sainte Vierge — elle sert en quelque
sorte d'intermédiaire entre les visiteurs de la métairie

de Fontet et l'être mystérieux qui y produit les manifestations hebdomadaires — elle se charge de lui adresser des questions, et rapporte fidèlement les réponses qu'elle en reçoit.

Louise Lateau refuse de répondre aux questions qui lui sont adressées. — Elle a déclaré dans l'enquête n'avoir jamais entendu le Sauveur lui parler pendant ses extases ; bien loin de là, elle affirme voir les principales scènes de la Passion, mais sans qu'aucun des acteurs de ce drame sanglant semble faire attention à elle — aucun ne la regarde — aucun ne lui parle, dit-elle.

Elle ne fait aucune prédiction.

Nous venons d'entendre celles qui sortent de la bouche de Berguille.

La Voyante de Fontet cause longuement et facilement avec les visiteurs. — Louise Lateau a prié et supplié, avec larmes, son évêque de la délivrer des visites incessantes dont elle était autrefois l'objet. Ce n'est qu'avec les plus grandes difficultés qu'on peut maintenant avoir accès dans la pauvre maison de Bois-d'Haine, et encore ne peut-on plus voir Louise, sauf de bien rares exceptions, que pendant ses extases, c'est-à-dire alors qu'un rideau mystérieux s'est étendu entre son intelligence et ceux qui l'entourent.

Elle ne sait pas alors qu'il y a autour d'elle quelques privilégiés qui peuvent encore assister aux manifestations surnaturelles dont elle est l'objet, et ces visiteurs doivent toujours se retirer avant que la fin de l'extase ne vienne rendre Louise à la vie commune. Et maintenant que nous avons montré quelle relation étonnante existe entre Louise Lateau et Berguille, et quels traits distinctifs considérables les éloignent cependant l'une de l'autre, il nous reste à jeter un dernier coup-d'œil sur l'objet principal de notre étude.

***

Tout d'abord, il est impossible à un observateur attentif et consciencieux d'élever l'accusation de fraude et de supercherie.

Quelle que soit l'opinion religieuse du visiteur de bonne foi de Fontet, il ne peut un instant soutenir une semblable thèse, après avoir causé avec la Voyante. Nous écartons cette solution sans vouloir seulement chercher à la combattre.

Monsieur le docteur Béchade qui assistait à une partie des faits dont nous venons de donner la relation reconnaissait lui-même la parfaite bonne foi de Berguille qu'il a traitée de *monomane* sans accuser sa sincérité ; et nos lecteurs conviendront avec nous qu'il n'est pas besoin d'autre preuve, car son témoignage n'est certes pas suspect.

Trois autres explications seulement peuvent donc être données à ces faits merveilleux.

1° *Berguille est hallucinée ou illuminée.*

2° *C'est réellement la Très-Sainte Vierge qui se manifeste à Berguille pendant ses extases.*

3° *L'esprit malin se déguise en ange de lumière pour nous tromper par de fausses apparitions de la Sainte Vierge.*

Nous allons examiner successivement ces trois solutions du fait de Fontet : Nous ne concluerons pas d'une façon absolue sur toutes. Notre intention est seulement de développer successivement les raisons qui peuvent militer pour ou contre chacune de ces hypothèses.

***

1° *Berguille est hallucinée ou illuminée.* — C'est là la thèse soutenue par M. le Docteur Béchade, qui ajoute poliment dans sa fameuse lettre à *la Gironde* : « Quant à ses visiteurs, ce sont des niais. »

Cette lettre de l'*éminent* docteur a été citée dans diverses brochures ; mais elle n'a été reproduite par aucune.

Nous ne voyons, pour nous, aucune raison pour ne pas la transcrire, ici en entier. Nous l'extrayons du Journal « La Gironde » du 12 octobre dernier, qui n'a pas craint de lui donner une généreuse hospitalité.

La plus grande punition qui puisse être infligée à M. le Docteur Béchade pour la mauvaise action qu'il a commise en l'écrivant, c'est de lui donner la plus entière publicité.

Voici ce morceau d'éloquence matérialiste.

Puybarban, 9 Octobre 1873.

Monsieur le Rédacteur,

En ce temps là vivait aux environs de La Réole une bonne femme que l'on appelle la *Sainte de Fontet*. Or, il advint que cette sainte fut malade et qu'elle m'honora de sa confiance (à qui diable les saints vont-ils s'adresser. Néanmoins je la soignais, mais elle but de l'eau de Lourdes et elle fut guérie, et par surcroît, elle converse journellement avec la Sainte Vierge, qui lui dit toutes sortes de bonnes choses en faveur de Henri V.

Depuis lors, ce ne sont que pèlerinages à la *Vierge* de *Fontet* (car c'est encore ainsi qu'on l'appelle, bien qu'elle soit mariée et mère de famille) ceci ne me regarde point.

Une foule de gens, de très-bonne foi, me demandent chaque jour mon opinion à ce sujet, comme médecin ; voici donc ce que j'en pense :

La bonne Vierge est une monomane, et, quant aux pèlerins, j'en fais deux parts : les neuf dixièmes sont des niais ou des dupes, et le reste appartient à la catégorie des honnêtes gens de l'ordre moral.

En vous priant d'agréer mes fraternelles salutations, je serais heureux, si pour cette consultation purement gratuite, vous aviez l'obligeance de m'ouvrir les colonnes de votre excellent journal.

BÉCHADE.

Dans un style qui veut être comique, et qui n'arrive qu'à être ridicule et impie, Monsieur le Docteur Béchade trouve moyen en quelques lignes de jeter l'injure, tout à la fois à l'Evangile dont il a voulu parodier le style, à la religion catholique, à Berguille, à ses visiteurs et jusqu'à ses propres adversaires politiques, tout surpris d'être pris à partie par le savant docteur.

Il traite Berguille de *monomane* : manière polie de l'appeler folle ou hallucinée. C'est là le dernier mot de la libre pensée et de la science rationaliste quand elle parle d'une manifestation surnaturelle qu'elle est incapable de comprendre.

Le surnaturel gêne ces Messieurs, et ici ils confondent dans la même haine le surnaturel divin et le surnaturel diabolique : l'un leur est à charge autant que l'autre, et c'est bien facile à comprendre :

Du jour où ils auront accepté le surnaturel diabolique, ils seront par cela même obligés de conclure au surnaturel divin : l'existence du démon étant une des meilleures preuves de l'existence de Dieu.

Bayle, cet aïeul vénéré de Fontenelle et de Voltaire disait naguère à propos des philosophes et des savants :

« *Tous ont nié les esprits ; mais prouvez leur l'existence* » *du mauvais ange, et vous les verrez bientôt forcés de vous* » *accorder tous vos dogmes.* »

Belle leçon donnée par le plus savant des incrédules à nos théologiens indifférents.

Un célèbre prédicateur l'a dit : « le plus grand acte d'adresse du démon, c'est d'être parvenu à se faire nier par ce siècle. »,

« On se moque des visions et des apparitions surna- » turelles, » dit M. P. Mérimée, de l'Académie, » quel- » ques-unes cependant sont si bien attestées, que si » l'on refusait d'y croire, on serait obligé, pour être » conséquent, de rejeter en masse toutes les preuves » historiques. » (*Revue de Paris*, 1829.)

» Savez-vous, Messieurs, » disait Joseph de Maistre, dans un langage qu'on pourrait presque appeler pro- phétique, « Savez-vous d'où vient ce débordement de » doctrines insolentes qui jugent Dieu sans façon et » lui demandent compte de ses décrets ?

» Elles nous viennent de cette phalange nombreuse » qu'on appelle *les savants,* et que nous n'avons pas su » tenir dans ce siècle à leur place qui est la seconde. » Autrefois, il y avait très-peu de savants, et un très- » petit nombre de ce très-petit nombre était impie. Au- » jourd'hui on ne voit que savants. C'est un métier, » c'est une foule, c'est un peuple. Et parmi eux, l'ex- » ception déjà si triste est devenue règle. » (*Soirées de Saint-Pétersbourg*, VI, p. 418.)

Et encore :

« ..... Il appartient aux Prélats d'être les déposi- » taires et les gardiens des vérités conservatrices, » d'apprendre aux nations ce qui est mal et ce qui est » bien, ce qui est vrai et ce qui est faux dans l'ordre » spirituel. Les autres n'ont pas le droit de raisonner

» sur ces sortes de matières. Ils ont les sciences
» naturelles pour s'amuser ; de quoi pourraient-ils se
» plaindre ? »

« Quant à celui qui parle ou qui écrit pour ôter un
» dogme national au peuple, il doit être pendu comme
» voleur domestique. Rousseau même en est convenu
» sans songer à ce qu'il demandait pour lui ! Pourquoi
» a-t-on commis l'imprudence d'accorder la parole à
» tout le monde. C'est ce qui nous a perdus. Les philo-
» sophes (ou ceux qu'on a nommés de la sorte) ont tous
» un certain orgueil féroce et rebelle qui ne s'accom-
» mode de rien. Ils détestent, sans exception, toutes
» les distinctions dont ils ne jouissent pas ; il n'y a pas
» d'autorité qui ne leur déplaise. Il n'y a rien au-dessus
» d'eux qu'ils ne haïssent. *Laissez-les faire, ils attaque-*
» *ront tout, même Dieu, parce qu'il est le maître.* » (*Soirées
de Saint-Pétersbourg.*)

Il semble, en lisant cette page immortelle, entendre
prophétiser le spectacle si déplorable que nous donne
aujourd'hui la science officielle. Il semble qu'en écrivant ces lignes, Joseph de Maistre avait par avance,
devant les yeux ces paroles impies que prononçait
M. Renan en 1862 du haut de sa chaire d'hébreu :

*Le principe e sentiel de la science, c'est de faire abstrac-
tion du surnaturel. Aucun fait ne prouve qu'il y ait une
force supérieure à l'homme, intervenant par des actions
particulières dans le tissus des phénomènes du monde.*

Notre ignorance nous semble encore préférable à
une science, qui, comme celle des coryphées de la libre
pensée, ne croit pouvoir s'affirmer que par la négation
du pouvoir divin.

Ainsi, la lettre ridicule du docteur Béchade est la
suprême manifestation de la médecine vaincue et de la
libre pensée aux abois ; car si Berguille a l'esprit troublé, il est évident que son trouble mental a dû réagir
d'une façon ou d'une autre sur son état physique. Or,
plusieurs médecins ont constaté son parfait état de
santé.

Et puis, il faut se souvenir que Berguille était autrefois malade, et que tout-à-coup son mal a disparu après
la promesse de guérison que lui a faite l'être mystérieux avec lequel elle est en relation. Si cet être surnaturel n'a d'existence que dans le cerveau fêlé de la
pauvre femme, comment la médecine expliquera-t-elle

la guérison subite de Berguille. — Est-ce là aussi de l'hallucination, et invoquera-t-on encore ici l'argument si commode des forces secrètes de la nature?

La question d'hallucination doit donc être écartée tout comme celle de mauvaise foi.

Il reste à étudier la question du surnaturel. C'est la seule qui subsiste après un examen attentif des faits. Tous les événements de Fontet se résument donc dans ces deux propositions : SURNATUREL DIVIN — EXTRA-NATUREL DIABOLIQUE.

Examinons avec soin et successivement les circonstances qui pourraient faire pencher la balance vers l'une ou vers l'autre de ces solutions.

**

2° *Est-ce réellement la Sainte Vierge qui se manifeste à Berguille pendant ses extases?*

Si jamais le doute a été permis en semblable matière, c'est bien dans le cas qui nous occupe. Rien, en effet, jusqu'ici n'est à nos yeux assez divin ni assez diabolique pour pouvoir asseoir définitivement notre opinion.

En premier lieu, si nous considérons les motifs qui peuvent nous porter à attribuer à la Sainte Vierge les phénomènes de Fontet, ces motifs nous apparaissent nombreux, et tellement sérieux, qu'ils ne peuvent sans imprudence ou mauvaise foi être mis de côté.

Il y a lieu, en effet, de reconnaître que Berguille a été malade, et sérieusement malade. Ce fait est hors de doute. Il y a lieu de reconnaître également que de l'aveu même du médecin, sa maladie était d'une telle gravité que son retour à la santé était devenu impossible. Berguille avait confiance dans la Sainte Vierge. — Elle demanda de l'eau de Lourdes, et c'est après avoir eu pris de cette eau, qu'elle eut la première apparition, pendant laquelle, dit-elle, la Sainte Vierge lui promit de la guérir. Ce fait est hors de conteste.

Il est donc évident qu'en annonçant à l'avance sa guérison, Berguille a fait une véritable prophétie, prophétie qui s'est réalisée de tous points, puisque ainsi qu'elle l'avait annoncé, elle a été guérie dans les conditions prédites à l'avance par elle, c'est-à-dire après avoir fait la sainte Communion.

Second fait en faveur d'une intervention divine. — Ber-

guille n'a jamais varié dans aucune de ses affirmations.
— Jamais il n'a été possible de la convaincre, nous ne
disons pas de mensonge, mais même de la moindre
inexactitude dans les diverses relations qu'elle a faites.

Plusieurs visiteurs ont comme nous cherché à l'embarrasser par des questions multiples, en l'obligeant à
répéter ce qu'elle avait annoncé et en cherchant alors
à lui faire refaire sa narration avec quelques légers
changements. Rien n'a pu ébranler sa fermeté. Elle
n'a jamais ajouté, n'a jamais retranché à son récit, et
ceux qui, comme nous ont voulu l'embarrasser quelquefois, ont, comme nous, dû se déclarer vaincus sur
ce chapitre.

Ses réponses aux plus pressantes questions se font
sans hésitation, avec la plus grande justesse, — Elle se
sert d'expressions propres au sujet qu'elle traite et bien
au-dessus de celles que peut employer une pauvre
paysanne. — Ses paroles dénotent un esprit parfaitement lucide et libre. Sa modestie n'est point feinte, et
même dans la fermeté avec laquelle elle s'obstine à
annoncer toujours les événements étranges qu'elle
prédit devoir être prochains, on voit que toute question
personnelle est loin de son esprit, et qu'elle s'occupe
fort peu de l'opinion bonne ou mauvaise qu'on peut
remporter d'elle.

Peu lui importent les menaces. — Que lui font les
injures, les éloges ou les humiliations: elle s'est faite
en quelque sorte le porte-voix *passif* de l'être mystérieux qui communique avec nous par son entremise,
et, dévouée corps et âme à son œuvre, elle marche sans
regarder à droite ni à gauche, et avec une fermeté qui
dénote sa sincérité et sa bonne foi.

Quant à sa conduite, avant comme depuis les apparitions, les témoignages reçus affirment qu'elle a été
en tous points irréprochable.

Dans les diverses communes qu'elle a habitées, elle
n'a laissé que des souvenirs excellents.—Nulle part ne
s'est élevé contre elle l'ombre du plus petit reproche.
— Jeune fille, épouse, mère, elle a toujours compris et
observé fidèlement tous les devoirs de son état. —Sa
piété simple et naïve, sa foi ardente n'ont jamais varié.
Il n'y a qu'une voix dans le pays à ce sujet.

Quant à ce qui concerne les avis qu'elle donne, il n'y
a rien à y reprendre au point de vue théologique, Elle

ne parle que de prières, d'amélioration des mœurs, de pénitence et de retour à Dieu.

C'est là justement ce que la Très-Sainte Vierge disait aussi à Lourdes et à la Salette.

La réponse que Berguille nous a faite sur sa vocation de victime expiatoire est également digne de remarque.

C'est bien là le plan du divin Maître pour la sanctification des uns par les autres. C'est bien là ce que nous voyons dans la plupart des vies de ces saintes victimes qu'il se plaît parfois à choisir.

Nous trouvons des traits semblables dans la vie de la Bienheureuse Marguerite-Marie Alacoque, dans celle d'Anna-Maria Taïgi, dans les Œuvres de Marie Lataste et dans une foule de Vies de saintes âmes. C'est là, dans toute sa pureté, la doctrine même de la Communion des Saints.

Son récit de l'apparition du Sauveur, lui demandant de souffrir pour les crimes du monde est même ce qui nous a le plus fortement impressionné pendant notre visite du 19 juin.

Appelons également l'attention sur un fait rapporté dans toutes les relations des manifestations surnaturelles ou extraordinaires de la métairie Pardiac.

C'est avec un étonnement profond que nous avons vu ce fait mentionné sans qu'aucun de ses narrateurs ait paru y attacher une grande importance. Il milite fortement en faveur de l'opinion du surnaturel divin et aussi surtout en faveur de la bonne foi de la Voyante.

C'est l'annonce des apparitions et du concours de pèlerins qui devra se faire à Fontet à leur occasion.

Le 21 novembre, Berguille annonce une apparition pour le 8 décembre suivant, et un grand concours de personnes chez elle pour le même jour. *Ce qui a lieu.*

Le 18 janvier, pour ne pas parler de beaucoup d'autres, elle annonce une apparition pour le 2 février, avec un grand concours de pèlerins; *et tout se réalise comme il avait été annoncé.*

Le fait est remarquable, car le concours de personnes aurait bien pu, à la rigueur, avoir lieu par suite de la curiosité que la prédiction de Berguille aurait éveillée dans le public; mais les extases à jour fixe, prédites quinze jours, quelquefois un mois et même deux mois

à l'avance, et venant confirmer la vérité de la prophétie, sont un fait des plus curieux.

A notre tour, nous formulons la question jusqu'ici
irrésolue et déjà posée avec tant de raison par M. de
Morin, dans le *Courrier de la Gironde* du 13 décembre.
Comment, à trois semaines d'intervalle, et quelquefois
deux mois à l'avance, peut-on, dans un cas de maladie
extatique, annoncer le jour et l'heure d'une future
extase avec une certitude absolue?

Ce fait, auquel les médecins se sont bien gardés de
répondre, présente, en effet, une difficulté des plus
grandes. Nous nous demandons même si sa réalisation
ne dépasse pas de beaucoup la puissance de prévi-
sion de l'esprit malin.

Nous devons cependant dire ici que l'auteur de la
Théologie Mystique, Schram penche pour une conclusion
au surnaturel diabolique dans un cas semblable. Voici
sa proposition :

« L'extase divine étant un don gratuit de Dieu n'est
attachée à aucun moment déterminé. Il n'y a donc
presque jamais extase divine quand on en peut déterminer les intervalles. » (Schram, *Théol. Mystique*, t. II,
page 395.)

M. Barthélemy Saint-Hilaire, il est vrai, a voulu, de
son côté, dans le *Dictionnaire Philosophique* de Frank,
prouver que l'extase peut être un état volontaire, préparé par de patientes et minutieuses observances; mais
son article dénote une telle ignorance du sujet qu'il
traite, que M. le docteur Imbert-Gourbeyre, dans son
livre sur les Stigmatisées, le renvoie à l'étude de la *Vie
des Saints*, — que ses travaux sur la traduction
d'Aristote lui ont sans doute un peu fait négliger.

Si on admet que Berguille ne joue pas un rôle (et
nous croyons bien difficile à la libre pensée de soutenir
une minute seulement cette thèse avec preuves à
l'appui), comment expliquera-t-on l'annonce exacte du
moment de l'extase.

Pas de milieu. — Il y a là du surnaturel ou de la
supercherie. Or, tout le prouve, la supercherie doit
être écartée. — Au lecteur à conclure.

**

L'esprit malin se déguise-t-il en ange de lumière pour nous tromper par de fausses apparitions de la Sainte Vierge ?

Si nous cherchons maintenant les traces de ce qui pourrait être le surnaturel diabolique dans ces manifestations, elles apparaissent également nombreuses à nos yeux et dignes aussi d'être prises en considération.

En premier lieu, une brochure publiée à Agen cite, à l'appui de sa thèse du surnaturel divin, un fait qui, à notre humble avis, prouverait plutôt contre. Nous y voyons (page 71) qu'à un moment donné, la Voyante baise la terre, et qu'au même moment, tous, tant ceux qui sont dans l'intérieur de la maison que ceux qui sont au dehors, tombent à genoux et baisent également la terre par un mouvement spontané et irréfléchi.

Ce n'est pas là un acte qui sente l'action de Dieu ; car Dieu veut de nous des actes volontaires et libres. Le démon seul, opère en nous des actes mécaniques, nous poussant, suivant l'expression même de l'auteur de la brochure, *comme par une commotion électrique.*

En second lieu, la Très-Sainte Vierge aurait dit à Berguille : *Lourdes est pour la guérison des corps ; Fontet sera pour la guérison des âmes.*

Ce fait peut être examiné à deux points de vue différents. Il peut être, en effet, une marque éclatante de la bonté de la Sainte Vierge ; mais dans la supposition de l'esprit malin, c'est peut-être aussi une précaution habile prise par le grand trompeur contre ceux qui pourraient demander comme confirmation des visions et des prophéties, des miracles au-dessus de la puissance de l'ange déchu.

Des miracles cependant, dit-on, ont été opérés à Fontet ; mais ces miracles sont-ils tellement évidents qu'ils ne puissent être sujets à contestation ?

En les admettant réels, dépassent-ils la puissance du démon ? Présentent-ils bien tous les caractères miraculeux que l'Eglise exige pour les déclarer tels ?

Nous ne le pensons pas. Sans vouloir ici rien préjuger, nous prions nos lecteurs de se souvenir d'une chose : c'est que la puissance du démon, toute limitée qu'elle est par la bonté de Dieu, est encore bien grande. Il ne faut pas oublier, en effet, que le diable, *ce singe de Dieu,* suivant l'expression de Tertullien et de Bossuet, a

3

été et est encore un Esprit, comme l'indique, du reste, son nom de Démon. Ange déchu, le plus grand autrefois, et le plus beau des purs Esprits qui entouraient le trône de la Divinité, Lucifer, le porte-lumière, devenu coupable par orgueil, a conservé, cependant la plénitude de l'intelligence que lui avait accordée la bonté de Dieu. Cette intelligence supérieure, il l'emploie aujourd'hui au mal; mais elle lui sert à connaître bien des choses qui échappent à la faiblesse de la nôtre. Elle peut lui faire voir quel est le siége d'une maladie; elle peut percevoir un remède prompt que nous ne connaissons pas, et l'appliquer, si bon lui semble, de façon à faire croire à un miracle. Le démon peut tout cela, et bien plus encore, s'il le veut. Ces faits, donc, de la guérison de Castel et de Mme Laurent Menot, que nous acceptons tels que nous les fournit la brochure déjà citée, ne sont pas concluants pour nous.

Une autre explication nous est encore fournie par Tertulien:

« La bienfaisance des démons, » dit-il, «éclate surtout dans la cure des maladies; oui, certes, mais *ils commencent par occasionner le mal,* après quoi vous les entendez prescrire des remèdes qui sont une merveille, — ceux-mêmes qui sont quelquefois les plus contraires à la maladie — c'est là le moment précis où ils interrompent leur action malfaisante; le mal cesse, et le monde ébahi, de crier au miracle! » (Apol., ch. XXII)

Le Démon peut même donc avoir conseillé l'eau de Lourdes, si il a par ailleurs un avantage quelconque à cette guérison; et nous sommes d'un avis bien opposé à celui de M. V. de Portets, quand il affirme qu'on ne saurait admettre que le démon puisse se servir de semblables moyens pour opérer ses prestiges.

Une simple lecture des œuvres si remarquables de M. le marquis de Mirville et de M. Gougenot des Mousseaux, sur ces questions, le convaincrait facilement de son erreur.

Eh quoi! n'a-t-on pas vu souvent une table tournante, *c'est-à-dire l'esprit impur qui l'animait,* conseiller à celui qui la consultait de se convertir et de se confesser? N'a-t-on pas vu ce conseil être suivi, et cet avis du Démon devenir le point de départ d'une nouvelle vie pour celui qui n'avait pas craint de l'interroger?

Ne doutons donc pas que le Démon ne pousse quelquefois au bien, *pour arriver à un but qui nous échappe, mais qui ne peut être que mauvais.*

Et avant de crier nous aussi au miracle, lisons et relisons cette parole de saint Liguori :

« *Lorsqu'il y a doute sur la nature d'un fait surnaturel, » pariez toujours pour le surnaturel diabolique.* »

Quant aux stigmates, ils peuvent être son œuvre tout comme l'œuvre de Dieu. Bien des possédés les ont portés, tout comme saint François, sainte Térèse et sainte Catherine de Sienne. Et ce ne serait pas la première fois que l'Eglise se trouverait en présence de pareils faits. Il existe positivement des stigmatisations et des extases diaboliques; la puissance du Démon sur nos corps n'est pas au-dessous de ce pouvoir prodigieux ; donc, ce fait n'est pas concluant.

Saint Augustin nous dit à ce sujet : » Les démons inspirés par leur astuce, *aiment à copier Dieu.* Mais le plus violent de leurs désirs c'est de dominer le cœur des mortels; possession dont ils ne sont jamais si fiers que *quand ils se transforment en anges de lumière* » (*Cité de Dieu.* L. XXI. ch. VI).

Une autre circonstance nous a fortement frappé, tant dans ce que nous avons vu que dans les brochures que nous avons sur notre table de travail.

Il s'agit de l'eau bénite.

Dans la visite que nous avons faite à Berguille, tandis que l'on jetait de l'eau bénite sur la tête de l'enfant malade, nous avons entendu plusieurs personnes demander qu'on ne se contentât pas de quelques gouttes, mais qu'on en arrosàt abondamment la figure de l'enfant. D'un autre côté, si nous examinons les brochures déjà publiées nous trouvons à la page 31 de la 1re série des lettres de M. de Portets :

« On a témoigné la crainte que Berguille fut possé-
» dée par l'esprit malin et l'on a demandé que l'on fit
» usage de l'eau bénite pendant les apparitions. Pour
» répondre à ce désir, on a *inondé* la Voyante d'eau
» bénite pendant son extase du 8 décembre. On a éga-
» lement aspergé le lit et l'apparition. L'état de Ber-
» guille n'a été nullement modifié. Si le Démon avait
» été l'auteur de cette manifestation, il aurait cer-
» tainement témoigné, par quelques convulsions, le
» désagrément que lui cause toujours l'aspersion.

» Il faut donc exclure toute intervention diaboli-
» que. »

Dans la 2ᵉ série des lettres de M. de Portets, nous trouvons, à la page 21, ces mots :

« *Le 8 décembre, on a* INONDÉ *Berguille d'eau bé-*
» *nite.* »

A la page 31 et à la page 64 de la même brochure, M. de Portets dit que les médecins présents à l'appari-tion du 2 février ont jeté de l'eau bénite sur un pos-sédé qui se trouvait dans la chambre et sur Ber-guille.

A la page 65 de la même série, M. de Portets fait dire au médecin qui jette l'eau bénite :

» Le 2 février, j'ai versé l'eau bénite *à profusion* sur
» son cou et elle n'a pas produit le moindre mouve-
» ment sur la Voyante. »

Dans la brochure de M. Ferrand, page 22 et 23, nous lisons aussi :

» Une personne des plus distinguées, habitant Bor-
» deaux, et qui a pour frère un vénérable ecclésiasti-
» que, ayant apporté de l'eau bénite *exorcisée la veille*
» *tout exprès* par ce digne prêtre, en aspergea *abon-*
» *damment* la place où devait se tenir l'apparition et la
» Voyante elle-même, ce qui n'altéra en rien , etc.,
» etc. »

Nous n'avons pas certainement la prétention de nier la puissance et l'efficacité de l'eau bénite contre l'action diabolique; mais cependant on conviendra avec nous qu'elle ne met pas toujours le démon en fuite, car autrement les exorcistes auraient bientôt fini leur œuvre. Et alors, comment se ferait-il que quelques prêtres ont plus que d'autres ce pouvoir de chasser les démons. La vérité est que la puissance de l'eau bénite dépend surtout de la foi de celui qui l'emploie. Or, dans toutes les relations que nous avons lues, et dans tout ce que nous avons vu, la manière dont on a usé de l'eau bénite prouve que c'est toujours de la quantité d'eau dépensée qu'on s'est surtout occupé. On parle d'*inonder* la Voyante, de jeter de l'eau bénite *à profusion*, etc., etc. Eh quoi! est-ce donc que l'efficacité de l'eau bénite est en rapport avec la quantité employée? Autant dire que le résultat obtenu aurait dû être grand, parce que grande était la quantité dépensée. C'est là une erreur profonde; c'est attribuer la puissance de l'eau à elle-même et non à la grâce que lui communique la parole du prêtre.

M. Ferrand nous parle même d'eau exorcisée LA VEILLE et *expressément pour être employée chez Berguille,* veut-il dire par là qu'étant toute fraîche, et bénite dans un but spécial, elle devait avoir une puissance plus grande encore que l'eau puisée dans le bénitier d'une église quelconque. Nous ne le pensons pas ; mais pourquoi prêter ainsi à la raillerie.

» Le Démon se transforme en ange de lumière, ob-
» serve Delrio, et quoiqu'il ne soit pas ange de lumière
» mais de ténèbres, néanmoins il arrive souvent qu'il
» ne prend pas la fuite à la vue du signe de la croix,
» ou par l'emploi de l'eau bénite, puisque souvent
» il se transfigure même en Jésus crucifié. » (*Théol. myst.* du docteur Schram, tome II, page 309.)

Et puis, le Démon peut bien ressentir du contact de l'eau bénite une impression très-désagréable ; il est évident qu'elle doit produire sur lui l'effet d'un fer rouge ; mais il est constant aussi qu'il a souvent résisté à la douleur que lui procure cette aspersion, quand il a un intérêt majeur à agir ainsi. N'a-t-on pas vu des possédés venir faire la Sainte Communion sans être délivrés de la présence du Démon ? N'a-t-on pas vu à Loudun, le Démon, sur l'ordre du P. Surin, le principal exorciste, avouer qu'il était en possession de trois hosties consacrées et obligé par le Père à les restituer, venir les déposer *lui-même* sur le tabernacle. (*Traité spécial de la Possession de Loudun,* par l'abbé Leriche.)

Comment tout cela pourrait-il nous étonner, quand nous voyons Notre-Seigneur lui-même permettre au Démon de le porter sur le pinacle du temple et sur une haute montagne.

Est-ce que le contact de la chair sacrée de Notre-Seigneur dans la poitrine du possédé revenant de faire la communion ; est-ce que le contact du corps de Notre-Seigneur transporté et soutenu dans les airs par le Démon lui-même, n'ont pas dû faire hurler de rage cet esprit obligé d'obéir à la volonté divine ? Eh bien ! si le Démon a pu supporter la torture incommensurable de ce contact divin pour son être maudit, à combien plus forte raison peut-il supporter le contact de l'eau bénite, dont la pureté est évidemment nulle, si nous la comparons à celle du corps de Notre-Seigneur.

L'exorcisme, du reste, était regardé par Origène comme *le plus important* des miracles; de quel droit donc tirons-nous une conclusion, de ce qu'il a pu plaire à Dieu de ne pas accomplir ce miracle important sous nos yeux?

Les preuves de la présence de la Sainte Vierge que ces Messieurs font découler du contact de l'apparition avec l'eau bénite ne peuvent par suite, en aucun cas, être acceptées comme péremptoires.

Autre objection :

Nos lecteurs ont vu la facilité avec laquelle Berguille raconte à tout venant les apparitions dont elle est favorisée. Or, une marque de la fausseté d'une vision, c'est le penchant qu'on pourrait avoir à la publier.

C'est Gerson qui parle : *Si vous connaissez*, dit-il, *quelqu'un qui se plaise à raconter ses visions, sachez qu'il mérite de tomber dans l'illusion et ne faites pas grand cas des révélations qu'il se vante d'avoir eues.* (Gerson : *De Dis. vis.*, sig. I.)

Pourquoi n'opposerions-nous pas encore à la fréquence des apparitions de Fontet et à la foule appelée par Berguille pour en être témoin la proposition suivante :

« *Si l'on est fréquemment ravi en extase dans des lieux*
» *publics où il y a foule et concours d'hommes, c'est ordi*
» *nairement l'indice d'une extase diabolique; car le propre*
» *du démon est de chercher la gloire dans des choses exté*
» *rieures qui attirent les regards des hommes.* » (Docteur Schram : *Théol. myst.*, t. II, scolie DXCIV, page 407.)

Encore une autre objection :

Il nous paraît que dans ces manifestations, la Très-Sainte Vierge déroge singulièrement à ses habitudes de dignité divine, pour se prêter à des actes qui sentent, nous ne savons trop quel sentimentalisme féminin dont la lecture et la vue nous ont bien désagréablement impressionné. Ces bénédictions à tout venant nous ont au moins étonné. Nous voyons la Sainte Vierge, à la demande des assistants, non-seulement bénir mais encore toucher les objets qu'on lui présente; absolument comme une personne qui tient à n'être pas oubliée, touche ou signe un objet qu'elle laisse ensuite en souvenir. Tout cela paraît sentir bien peu le Ciel, et nous semble surtout propre à développer ce genre trop commun des gages d'éternelles amitiés que nous trouvons souvent expliqué dans la vie des Saints, comme employé par le Démon pour arriver à des abus bien autrement sérieux.

Des chapitres entiers des ouvrages de M. de Mirville et de M. Gougenot des Mousseaux, sont consacrés à l'étude de ces sortes de talismans ou d'amulettes dont la pratique paraît être en général une habitude de l'ange déchu.

Quant aux prophéties sur des faits politiques annoncés par l'apparition, bien des personnes, nous le savons, attendent leur réalisation pour croire à la réalité divine des manifestations de Fontet. Et cependant leur accomplissement ne serait pas une démonstration irréfutable de l'action de Dieu sur Berguille ; car le Démon, nous l'avons déjà dit, est une intelligence bien au-dessus de la nôtre ; et dans des moments troublés comme ceux que nous traversons, il doit lui être surtout possible de *conjecturer* avec une très-grande probabilité, les événements principaux. Ce n'est pas à dire que l'avenir puisse lui être connu. Non, telle n'est point notre pensée ; mais son intelligence d'ange, car il n'a rien perdu de ce côté par sa chute, peut et doit lui faire tirer des faits actuels des conséquences que la faiblesse de notre vue ne peut encore prévoir.

La découverte de ce qui est caché, dit saint Bonaventure, a lieu de plusieurs manières, et en cela, comme en matière de visions, beaucoup se laissent séduire en attribuant à l'esprit de Dieu l'œuvre de leur sens propre où les suggestions de l'esprit d'erreur ; c'est ce qui fait que nous avons des prophéties à satiété. (*In 7. Proc. Relig.*)

Saint Thomas, de son côté, prétend que le démon, qui dans ses réponses et ses révélations n'a en vue que la perte des hommes, dit quelquefois la vérité afin de les habituer à avoir créance en lui et les conduire ainsi à des choses nuisibles à leur salut.

Avant donc que l'apparition ait le droit de réclamer croyance, il est prudent, pensons-nous, d'attendre que des miracles réels et irréfutables, tels que ceux qui se sont accomplis à Lourdes et à la Salette, soient venus nous éclairer.

Souvenons-nous également de la fameuse prédiction de Palma, que contenait l'*Univers* du 17 mars 1872 prédiction regardant le mois de juillet de la même

année *et non encore accomplie.* Cette prédiction était
en tous points conforme à celles de Berguille pour 1874.
Voyons aussi celle de la sœur de Blois, et tant d'autres. Et rappelons-nous que si nous sommes si souvent
portés à croire les prédictions qui, de tous côtés, nous
inondent aujourd'hui, c'est que toutes elles nous annoncent des événements que notre cœur désire.

Dieu dirige les événements humains par des voies
naturelles; le miracle dans les desseins de la Providence ne peut être que l'exception, et c'est là en effet
son essence, car autrement il cesserait d'être le miracle; et nous trouvons dans cette pensée un motif de
plus de craindre à Fontet l'intervention diabolique.

Lisons aussi et méditons cette page de M. Gougenot
Des Mousseaux :

« J'ai foi, « dit ce savant auteur. « aux grandes pro-
» phéties, à celles que l'Eglise a adoptées. Je n'en puis
» avoir aucune aux prophéties apocryphes ou douteu-
» ses. Quelques-unes de celles-ci sont pourtant assez
» étonnantes, je l'avoue, lorsqu'on les rapproche de la
» partie réalisée des choses prédites, *mais elles peuvent*
» *avoir le démon pour inspirateur.* c'est-à-dire le père
» du mensonge; *et le démon n'use de la vérité que dans*
» *l'intérêt de l'erreur, et pour perdre et tromper l'homme.*
» (*Mœurs et pratiques des démons,* page 409.) »

Nous ne saurions donc attacher une certaine importance à ces manifestations si multipliées aujourd'hui,
sans nous être préalablement livrés au plus sérieux et
au plus sévère examen.

Rappelons-nous enfin qu'en général le Dieu qui prédit le mal pour prévenir les siens et les maintenir dans
la crainte et dans l'amour, veut rester et reste toujours
impénétrable du côté de l'époque où le mal annoncé
éclate et des moyens qui l'amènent. Résignons-nous
donc enfin à nous tenir sur nos gardes et conservons
devant nos yeux le mot si connu de Bossuet :

« Les choses même que Dieu a révélées arriveront en
» des manières que nous n'aurions jamais prévues. »

Autre objection.

« Il répugne, a-t-on dit, à propos de Fontet, à la dé-
» licatesse du sentiment chrétien, que Dieu permette
» au démon de prendre la forme de sa divine Mère et
» surtout la forme la plus pure qu'elle puisse revêtir,
» celle de son Immaculée Conception, pour séduire et

» tromper les fidèles. Celle qui a la mission d'écraser
» la tête de Satan, souffrirait-elle une semblable déri-
» sion? » (1re *brochure de M. V. de Portets*, page 25.)

Saint Paul se charge lui-même de répondre par
avance à l'objection : *Satan, nous dit-il, se déguise en
ange de lumière;* et quelquefois même il ose revêtir jusqu'à la similitude du Christ :

Nous trouvons dans les *Révélations*, écrites par sainte
Catherine de Bologne, l'aveu qu'elle fut trompée pen-
dant cinq ans par le démon qui lui apparaissait sous la
figure de Jésus attaché en Croix, et sous celle de la
Sainte Vierge. — (*Lire à ce sujet, la vie de sainte
Catherine de Bologne dans les* Petits Bollandistes, *édition
de 1866, tome III, page 206. Voir aussi* Théol. Myst. *de
Schram, tome II, page 292.*)

« Ce fut, nous le savons tous, sous les traits vénérés
» du Christ que le Démon se fit voir à Martin, au mo-
» ment où l'âme de ce grand saint allait prendre son
» élan vers la gloire de Dieu.

» Le premier mouvement que doit donc nous ins-
» pirer une apparition, fut-elle celle de la Reine des
» Anges ou de Jésus lui-même, » nous dit M. Gougenot
Des Mousseaux, expert en cette matière, « c'est donc
» le sentiment d'une méfiance extrême : Penser et agir
» autrement, c'est pécher contre l'humilité de la façon
» la plus regrettable et la plus périlleuse. »

Les bornes que nous nous sommes imposées nous
interdisent de nous étendre davantage sur ce sujet.

***

Nous avons gardé pour la fin les faits relatifs à la
prédiction touchant le P. de Bray. Les affirmations
réitérées de l'apparition à ce sujet, la manière même
dont Berguille les a répétées plusieurs fois devant
nous, sentent un peu la mauvaise humeur. On voit
que c'est là le point faible dans la manifestation.

Dans la voie ordinaire des choses, le bon Dieu et ceux
qui parlent sous son action annoncent un événement,
mais ne s'obstinent pas à le répéter, comme pour forcer
l'adhésion des masses. Ce procédé indique un peu la
faiblesse. D'un autre côté, nous croyons qu'il est impossible de nier que cette prédiction heurte toutes les lois
connues de la Providence.

Sans doute, le Dieu qui peut transformer en enfants d'Abraham jusqu'aux pierres même du chemin, n'a pas abdiqué sa puissance et peut bien faire du P. de Bray un Pape et même, s'il le veut, un grand Pape. Cependant, les partisans même déclarés du surnaturel divin dans le fait de Fontet comprennent combien est grande la difficulté.

Ici, M. de Portets ne se sentant pas assez fort pour combattre seul dans une cause si difficile à défendre, s'allie avec M. Deville, et cherche ainsi à prouver la sainteté du P. de Bray, *par le secrétaire même du P. de Bray*.

A-t-il bien réfléchi à tout ce que ce mode de témoignage intéressé peut présenter de peu concluant !

Quant au journal *le Rosier de Marie*, cité également dans la brochure, il y a longtemps que son autorité, en semblable matière, est contestée. Nous l'avons vu souvent tomber dans des erreurs assez grossières pour n'avoir pas à le combattre comme un adversaire sérieux.

Depuis six mille ans, une harmonie parfaite règne dans les œuvres de Dieu, et toujours, jusqu'à présent, l'histoire nous montre qu'il a préparé dès l'enfance les hommes qu'il destinait à une grande action surnaturelle par des qualités naturelles qui en ont été comme le fond.

Etudions les Apôtres. Nous y voyons le surnaturel s'harmonisant parfaitement avec le naturel. Aussi, chacun des personnages de cette épopée sublime, divinement favorisé, conserve son caractère primordial comme fond, depuis le berceau jusqu'à la tombe, parce que ce caractère fait partie de la nature même de sa sainteté.

M. V. de Portets le dit lui aussi dans sa brochure, mais à un autre point de vue. *Natura non fecit saltus.* La nature, c'est-à-dire la Providence de Dieu, ne procède point par bonds et par sauts ; elle agit progressivement et graduellement. Or, dans la prédiction qui nous occupe, il nous semble que cette loi admise de tous, *natura non fecit saltus*, est bien un peu méconnue.

On nous cite encore le curé d'Ars, et on demande quel est celui qui serait assez audacieux pour contester aujourd'hui les vertus héroïques de ce vénérable prêtre.

Mais le Curé d'Ars, qui, dès sa plus tendre enfance, se fit toujours remarquer par son humilité et sa sainteté, ne l'a jamais été par sa science.

Autre point : Il est une prophétie qui semble avoir, depuis longtemps, fait ses preuves. Nous voulons parler de celle de saint Malachie. qui mourut en 1137; elle est relative à la succession des Papes. Cette prophétie, imprimée depuis déjà trois cents ans, désigne Pie IX par ces mots célèbres, si cruellement et si glorieusement vérifiés : *Crux de Cruce* ; elle annonce son successeur, que l'on s'accorde à considérer comme devant être le grand Pape, par ceux-ci : *lumen in cœlo* Or, la prophétie de Fontet se trouve en opposition complète avec celle de saint Malachie ; car, d'après Berguille, le Pape désigné sous le nom de *Lumen in cœlo*, loin d'être le Grand Pape, ne ferait que passer, comme pour porter en quelque sorte la lumière devant le Pape à venir, et éclairer la voie dans laquelle devra marcher son successeur, *Ignis ardens,* c'est-à-dire le Père de Bray.

Comment aussi ne pas comprendre combien grande sera la difficulté pour le P. de Bray, de fixer en aussi peu de temps les yeux des cardinaux sur sa personne, de façon à s'imposer à leur choix pour la chaire pontificale, après avoir été regardé par un si grand nombre, à tort ou à raison, comme atteint d'une grande faiblesse d'esprit. C'est vraiment accumuler à plaisir les difficultés, et vouloir multiplier, sans nécessité, les miracles, ce qui est encore bien peu dans la manière de faire de la Providence.

Or, comme nous le dit Benoît XIV, on doit surtout se défier des révélations quand on y rencontre des choses qui, sans excéder la puissance divine, ne sont cependant pas conformes à la sagesse de Dieu et à ses autres attributs.

Nous ne voulons point discuter ici les lettres de M. Deville, que M. de Portets a introduites dans sa brochure. Nul ne peut être juge dans sa propre cause, et c'est là un peu son cas. Du reste, les prophéties dont il parle, qui les a connues avant le besoin actuel? Quand donc a-t-on entendu raconter ces faits, avant la célèbre circulaire du P. de Bray aux Archevêques et Évêques, le 16 novembre 1872.

Eh quoi! en 1857, le R. P. de Villefort, ce Saint et admirable religieux, aurait pu dire au P. de Bray :

» C'est la volonté de Dieu que vous entriez dans la
» Société de Jésus; *mais treize ans après avoir fait vos*
» *premiers vœux, vous en sortirez, afin d'accomplir la*
» *volonté de la Sainte Vierge.* (Circulaire du R. P. de
» Bray, le 16 Novembre 1872), » et le R. Père de Bray, sachant qu'il devait plus tard quitter cet ordre, aurait pu faire alors le serment à Dieu d'y vivre et *d'y mourir.*

Il y a là, quoi qu'en pensent M. Deville et M. de Portets, un fait anormal, qui nous paraît bien difficile à expliquer et qui appelle de profondes réflexions.

Comment, encore : La Sainte Vierge l'envoie dans la Compagnie de Jésus comme à une école d'obéissance (c'est le Rosier de Marie qui parle), en lui disant, en 1857 : « *Tu y entreras pour y apprendre à obéir, afin,* » *plus tard, de savoir commander ;* » et ce n'est qu'en 1873, de l'aveu même de la brochure, que ces paroles sont connues. Le R. Père les a conservées dans son cœur pour les divulguer seulement au moment où les révélations de Berguille leur donne un certain caractère de gravité. Cela ne paraît pas sérieux.

Ce n'est point la parole du P. de Bray que nous mettons en doute, Dieu nous en garde ; c'est l'usage imprudent qui en est fait et l'interprétation qu'on lui donne que nous signalons.

Pas de milieu ; ou bien le P. de Bray n'a pas été sincère en promettant *de vivre et de mourir* dans un ordre qu'il savait devoir quitter ; et alors que devient sa sainteté ? Ou bien, il a été sincère, et alors la prophétie relatée par M. Deville tombe d'elle-même.

Au surplus, l'écolier nous semble avoir bien peu profité de la leçon d'obéissance ; car, dans la lettre qu'il écrivait en octobre 1872 au R. P. général de l'Ordre,— lettre rendue publique par la circulaire aux Evêques,— il déclare qu'il se voit dans l'impossibilité d'observer ses règles à cause de son état de maladie, et que, craignant alors de ne point pouvoir se sauver s'il ne rompait avec elles, en retirant la parole donnée à Dieu de les observer toujours, il demandait la permission de quitter la Compagnie de Jésus. Mais les règles des ordres religieux ne peuvent évidemment obliger que dans la limite du possible ; et tout religieux peut y demeurer fidèle, quel que soit son état de santé, *car la règle des malades n'est point celle des hommes bien portants.* Et que deviendraient donc les malades des communautés, si l'opinion du P. de Bray était valable? ils seraient donc irrévocablement perdus; et par cela même, qu'un homme appelé à la vocation religieuse prononce ses vœux, il condamnerait lui-même son âme en cas de maladie.

Tout le monde avouera que ceci, non plus, n'est pas sérieux.

Nous nous demandons, en outre, le but de cette annonce si sonore d'un pontificat si prochain, pour un personnage que rien n'y prépare, et surtout cette affirmation si souvent répétée, qu'il est le plus grand saint des temps actuels. Ce n'est évidemment pas pour favoriser son humilité que la Sainte Vierge l'annonce ainsi *urbi et orbi.*

Il sera également difficile de soutenir que c'est pour préparer son élection, puisque Berguille ajoute que cette élection doit être exclusivement l'œuvre de Dieu.

Telles sont, dans notre idée, les raisons qui peuvent faire hésiter à reconnaître l'œuvre de Dieu dans cette manifestation ! Elles ne sont peut-être pas tout-à-fait concluantes, mais, à notre humble avis, elles suffisent et au-delà pour nous obliger à apporter au moins une bien grande prudence dans le jugement à formuler sur les faits de Fontet.

CONCLUSION

Nous voici arrivé à la fin de cette trop longue étude et nos lecteurs attendent sans doute de nous une conclusion à notre travail.

Nous la ferons en peu de mots.

Nous croyons qu'il y a également imprudence à affirmer que les manifestations de Fontet sont l'œuvre de Dieu, et à soutenir comme nous l'avons vu faire que l'esprit malin doit être seul en cause en cette affaire.

Nous n'avons jusqu'ici aucun fait assez saillant dans un sens ou dans un autre pour avoir le droit de maintenir formellement une opinion.

De plus savants que nous décideront s'ils le peuvent la question.

Pour nous, notre idée est que, surnaturel diabolique ou
surnaturel divin, la manifestation de Fontet est un fait
mystique fort intéressant à examiner, et que Dieu veut
par là nous obliger à revenir à l'étude sérieuse de ces
questions, dont on ne parle en France depuis quelques
années qu'avec le sourire du dédain sur les lèvres.

Nous l'avons déjà dit, après le P. de Ravignan; *le
chef-d'œuvre du diable c'est, dans ce siècle, d'être arrivé à
se faire nier.* Or, le bon Dieu veut ramener, malgré
nous, notre pensée sur l'action du démon dans le
monde, action qu'une partie même du Clergé n'admet
pas comme aussi constante, aussi formelle que l'Esprit-
Saint nous l'enseigne, que les divines Écritures nous
la montrent et que l'expérience le constate, pour peu
qu'on s'abstienne de ce parti pris à la mode aujour-
d'hui chez ceux qui refusent de la reconnaître, quelque
patente qu'elle puisse être.

Nous avons voulu apporter notre petite pierre à cet
édifice que semble vouloir élever la Providence. Nous
nous sommes contenté de relater les faits dont nous
avons été témoins Et maintenant nous déclarons
soumettre humblement notre jugement à celui de la
Sainte Eglise ; heureux que nous serons, si notre faible
travail a pu avancer seulement d'une heure l'étude
sérieuse et calme de la question dont nous nous
occupons.

Le 23 mars dernier, Mgr. Dupanloup, dans sa lettre
sur les prophéties contemporaines, disait à son clergé :

« Chacun, Messieurs, doit se défier de ses tendances.
» L'incrédulité ne veut voir Dieu nulle part ; l'illumi-
» nisme veut le voir partout. Il y est en effet, mais non
» pas toujours par la prophétie et le miracle ; autrement
» le surnaturel absorberait le naturel, et l'extraordi-
» naire deviendrait l'habituelle loi. Ah ! sans doute,
» Dieu prend soin lui-même de se rappeler par des
» interventions assez visibles aux siècles qui l'oublient.
» Tandis que les coups de sa droite étonnent et trou-
» blent les impies eux-mêmes, les croyants se tournent
» vers lui dans les calamités publiques et privées avec
» une espérance pleine d'angoisse ; ne décourageons
» donc pas l'espérance, ne décourageons pas la
» prière. »

Méditons ces paroles empreintes de sagesse, tombées de la bouche de l'éminent Evêque d'Orléans. Mais quelle que soit la solution définitive à intervenir, nous avons la conviction inébranlable que les faits de Fontet ne pourront tourner qu'au profit de la Religion ; soit que mis plus tard avec évidence par l'Eglise sur le compte de l'esprit malin, ils servent aux fidèles à se tenir en garde contre les séductions de celui qui ne craint pas parfois de se déguiser en ange de lumière pour nous tromper ; soit que, déclarés du domaine du surnaturel divin, ils soient pour notre chère Patrie et pour l'Eglise, l'annonce évidente d'un triomphe prochain et désiré de tous les cœurs français et catholiques.

29 Juin 1874.

Typ. L. Coderc.